ビギナーズ 日本の思想

宮本武蔵「五輪書」

宮本武蔵

魚住孝至＝編

角川文庫

17744

はじめに

宮本武蔵といえば、すぐに佐々木小次郎との巌流《がんりゅう》島の決闘が思い浮かぶと思います。映画やテレビで何度も演じられ、最近は劇画などにも描かれています。これらは、ほぼ吉川英治の小説『宮本武蔵』によっています。

けれども実は吉川自身が言っているように、恋人のお通《つう》、友人の又八《またはち》などは吉川が作り上げた架空の人物ですし、武蔵と沢庵《たくあん》和尚との関係も事実ではありません。巌流島の決闘については、関門海峡の無人島で巌流の小次郎との勝負があったのは事実ですが、小次郎に関しては資料が全くなく、実は姓も年齢も分からないのです。佐々木という姓は、江戸中期の歌舞伎『敵討《かたきうち》巌流島』で有名になった敵役の佐々木巌流から言い出されたことです。吉川は美青年として描いていますが、藩の兵法指南役であったことからすれば、武蔵より年上であったと思われます。

有名な勝負の次第は武蔵の伝記『二天記《にてんき》』の叙述に基づいて書かれていますが、『二天記』は武蔵が亡くなってから百三十年も経って出来たもので、本当なのか内容を吟味してみなければなりません。まずこの勝負は、小倉《こくら》藩の検使が立ち会った試合とされている設定自体が、この島が当時別の藩の領地だったので否定されます。武蔵は舟の櫂《かい》を削って木刀《ぼくとう》にしたとされますが、武蔵自身が晩年に藩の家老にこの時の武具を尋ねられて、こんな物でしたと差し上げ、現在も残っている大木刀とは違います。武蔵は勝負の刻限に大幅に遅刻したとされますが、武蔵没後九年に建立された武蔵顕彰碑は、両者が同時に出会って戦ったと記しています。以上のように見てくると、よく知られている巌流島の決闘の話は、『二天記』が作ったフィクションの上に、吉川がさらに脚色を加えたものであることが分かります。

では、実際の宮本武蔵はどのような人物であったのでしょうか。『五輪書』を正確に理解するためにも、フィクションを排除して、武蔵の実像を知っておかなければなりません。一九九四年には武蔵の自筆の書状が発見され、また若い頃の著作も確認することができ、養子による資料や関係した藩の資料も見つかって、現実の武蔵の生涯はかなり明らかになってきています。

第一部では、武蔵の生涯をおよそたどります。

武蔵は、日本社会が大きく変動した時代を生きています。生まれたのは、戦国時代末期、全国的に合戦があった時代でしたが、少年期に豊臣秀吉によって全国が統一されています。青年期には関ヶ原の戦いが起こって、覇権は徳川家康に移り江戸幕府が成立します。しかし大坂には豊臣氏がいたので、また合戦となるかもしれないという緊張感がありました。この時代に武蔵は諸国武者修行をしています。壮年期、江戸幕府は大坂の陣で豊臣氏を滅ぼし、武家諸法度を公布して支配を確固としたものにしています。そして晩年期には、島原の乱が起こり、その後、幕府は鎖国体制を完成させて、本格的な近世社会が展開していきます。

武蔵は、関ヶ原の戦いの時には十九歳で、九州の合戦で戦っていたようです。二十一歳で上京して諸国武者修行を始め、合計六十余度の勝負をしたのは二十九歳までのことで、三十歳以後は「なおも深き道理」を追求するようになったと『五輪書』に書いています。三十四歳の時には大坂の陣を譜代大名の下で戦っています。

その後、兵庫県の姫路、ついで明石に入った譜代大名の客分になりました。養子伊織はその藩の家老になったので、武蔵は藩の政治も間近に見ていたようです。林羅山など当代一流の文化人とも交流し、見事な水墨画も描いています。そして最後に後世の武士のために書き残したのが『五輪書』です。『五輪書』には、彼の生涯を通じて見出した剣術の理論と武士としての生き方が述べられています。

第二部では、『五輪書』の内容を、原文と現代語訳で示します。

『五輪書』は、地・水・火・風・空の五巻から成りますが、まず各巻の構成について説明します。そして内容を示す見出しを付けて、原文と現代語訳を載せます。武蔵の文章は簡潔・明晰でそのまま読んでもほぼ理解できるものなので、ぜひ原文をよく読んでほしいと思います。地の巻、水の巻は、『五輪書』の中心として見事に構成されているので、一部を略しほぼそのままを載せます。火の巻、風の巻は、流派名も旧いままで書き直されておらず、整理が十分ではないので、内容をまとめ、分かりやすくするために順序も変えて載せることにしました。空の巻は短いので全部入っています。『五輪書』の内容の独自性を示すために、解説も入れました。

第三部では、『五輪書』の価値について、剣術が盛んになる戦国時代から現代に至るまでの時代の中で考えてみたいと思います。

今日、『五輪書』は外国語にも訳されて海外でも広く読まれています。『五輪書』の今日的意味について、考えてみたいと思います。

最後に武蔵の年譜と、より深く知るために、武蔵の原典が載せられた書や参考になる書、さらに武蔵の書や画が直に見られる美術館・博物館を紹介しておきます。

宮本武蔵「五輪書」目次

地の巻　38

水の巻　75

火の巻

風の巻

空の巻

第一部　宮本武蔵の生涯

1．武蔵の生い立ち

『五輪書』の中で、武蔵は自らを「生国播磨《はりま》の武士、新免《しんめん》武蔵守藤原玄信」と名乗っている。武蔵の養子宮本伊織《いおり》が生地の兵庫県の神社に奉納した棟札《むなふだ》と、任地の九州・小倉に建立した碑の文章とを合わせて考えると、武蔵は、播磨国（現在の兵庫県南部）の姫路に近い米堕《よねだ》村（高砂市米田町）にいた田原家貞の次男として生まれたようである。『五輪書』の冒頭に、寛永二十年（一六四三）十月十日に「年つもって六十」と書いているところから計算して、生年は天正十二年（一五八四）というのが通説となってきたが、「六十」は修辞的に概数を書いた可能性が高い。伊織直系の『宮本家系図』は天正十年生まれと記載しており、この年とした方が生涯の事績と時代との適合性が高いので、天正十年（一五八二）を生年とする。

生家の田原家は、播磨の守護大名の赤松氏の末裔で、同じ赤松一統で姫路周辺を支配していた小寺氏に属していた。戦国末期の播磨一帯は、中央から進出してきた織田信長と中国十ヶ国を支配する毛利氏との勢力争いの場となり、武蔵が生まれる四年前から、小寺氏ら播磨の武士たちは、信長から派遣された羽柴秀吉の軍勢と激しい合戦

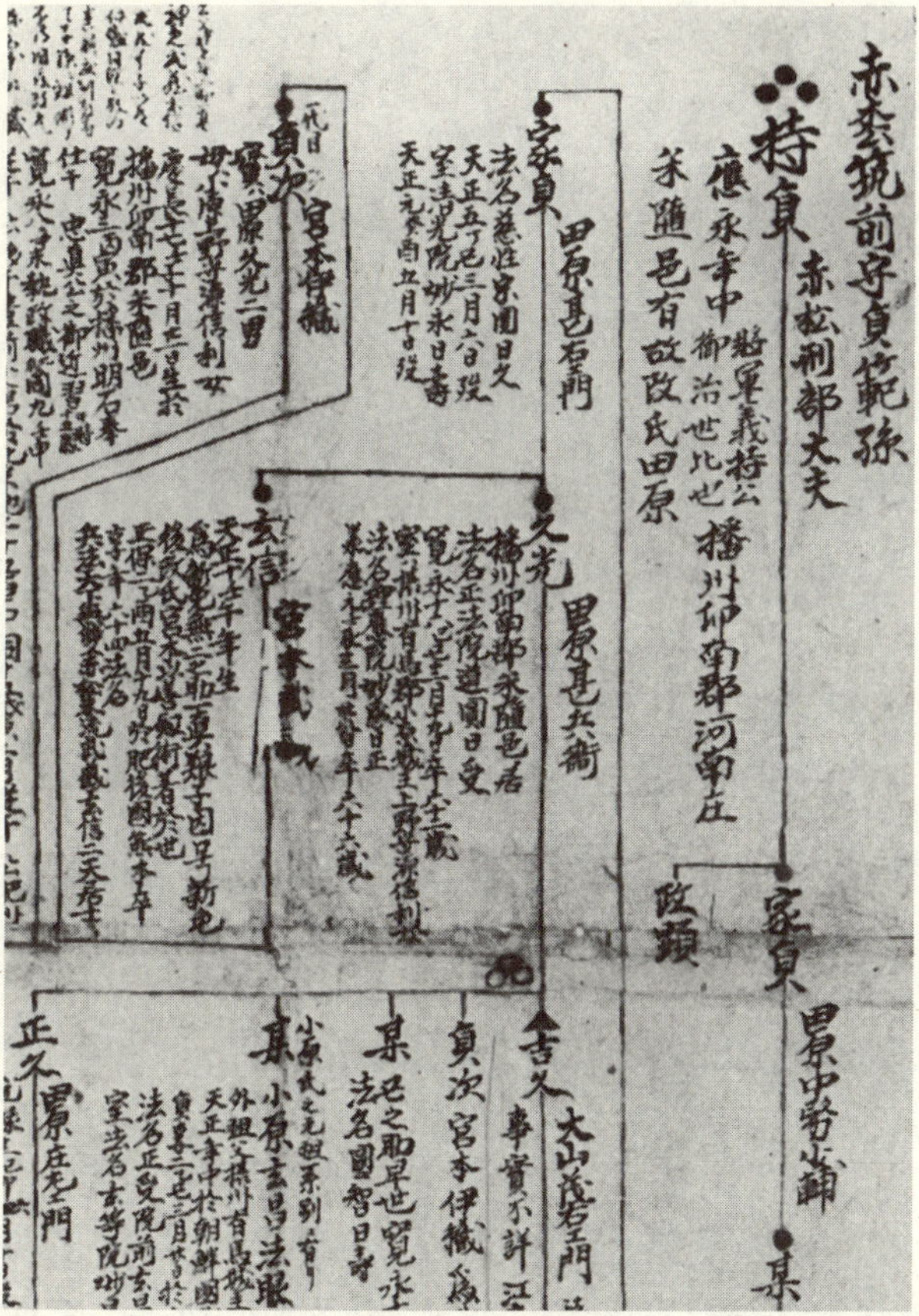

「宮本家系図」（宮本家蔵）
武蔵（玄信）と父や兄、養子・伊織（貞次）の部分

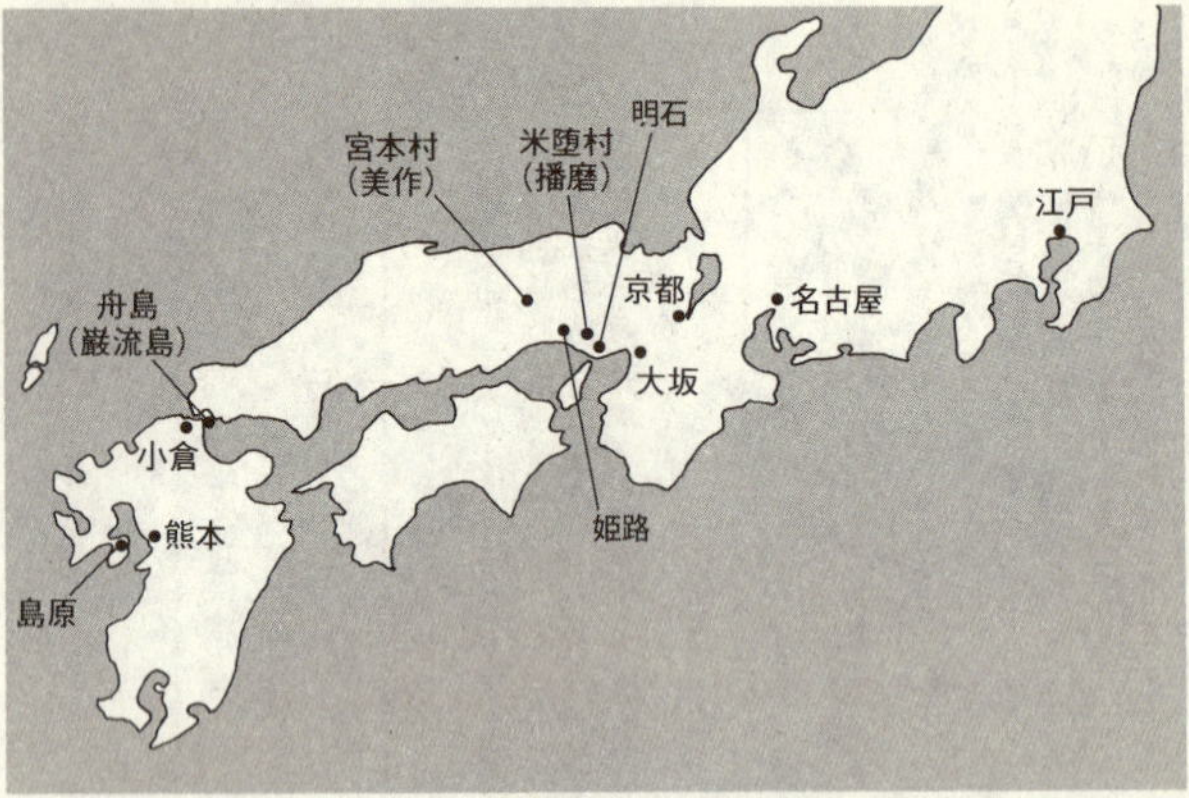

武蔵関係地図

を続けていた。一年半後小寺氏の城は落とされたが、敗れた田原家は、そのまま米堕の地に残った。

武蔵は天正年間（―一五九一）、九歳までに美作《みまさか》の新免無《しんめんむ》二《に》の家を継いだと、伊織による棟札と碑文を合わせれば考えられる。伊織は「新免」と書いているが、新免家中にいた宮本無二のことである。無二も元来赤松氏の一族で、宮本村（現岡山県美作市宮本）の屋敷にいたので、宮本姓を名乗っていたが、合戦で手柄を立てたので、主家の新免姓を許されたと言われる。武蔵は、普段は宮本を名乗っているが、『五輪書』が兵法書なので、養父の武名を継ぐ意識から、ここでは「新免武蔵」と書いたようである。

武蔵が養子となった天正末期は、豊臣秀吉

によって、検地、刀狩りがなされ、身分法令も公布され、兵農分離が強行されていた。そのため直前の合戦で敗れた田原家は武士の身分ではなくなるので、次男であった武蔵は、武士として残るために、同じ赤松一族に属する美作の宮本無二の許《もと》に養子に入ったと考えられる。

養父の宮本無二は、国内では合戦がなくなった豊臣時代に、戦場で用いる十文字槍《やり》に代えて、二刀を遣う剣術を工夫・創始していたようで、「当理流」という流派を樹立し、「開山　天下無双」と記した目録を出している。無二はまた、室町幕府最後の将軍足利義昭の御前で、将軍の師範であった吉岡憲法と三度試合をして二度勝ったので、将軍から「日下無双《ひのしたむそう》」という称号を賜ったと、小倉碑文に書かれている。

武蔵は、このように武芸者として優れた養父の下で、少年期から術をしっかり教え込まれたのであろう。十三歳で初めて新当流の名のある武芸者と勝負して勝ち、さらに十六歳でも隣りの但馬《たじま》国の武芸者に勝ったと『五輪書』に書いている。

◆コラム①武蔵の虚像の広がり

武蔵の伝承が多く記されるようになるのは、武蔵没後七十年余り経って、武芸者百五十人の伝承を集めた日夏繁高著『本朝武芸小伝』が刊行（一七一六）されて以降である。この書に小倉碑文が載せられていたので、武蔵の生涯の大枠と、吉岡一門や巌流との勝負の大筋が知られ、それが基になったようである。

また元文二年（一七三七）に巌流島の勝負を敵討《かたきう》ちの劇にした歌舞伎「敵討巌流島」が、大坂・京都・江戸の三都で上演されて大成功をおさめて以後、ほぼ毎年上演されるようになり、十九世紀の鶴屋南北「巌流島勝負宮本」を経て明治に至るまで、数々の人気作品が生まれ、また講談、草双紙《くさぞうし》、読本《よみほん》（通俗小説）などでも、武蔵は剣豪として面白おかしく語られて、次第に荒唐無稽のヒーローになっていった。

他方、武蔵の流派の二天一流でも十八世紀になってから、伝記が作られるようになる。福岡で三代目、四代目の伝承を記したとする丹治峯均《たんじほうきん》著『武州公伝来』（一七二七）には、少年武蔵は父無二の十手術を批判して小刀を投げつけられたので、家出し武者修行したとか、生涯風呂に入らなかったなどというフィクションも混じっている。また豊田景英著『二天記』（一七七六）は、祖父正剛《まさかた》が集めた武蔵関係の覚書《おぼえがき》を基にして書かれた武蔵の伝記であるが、覚書を整理しながら、所々書き換えたり、書き加えたりしている。今日よく知られている巌流島の決闘の話は、この『二天記』に書かれたものであるが、たとえば約束の刻限に大きく遅れたとするのは、祖父の覚書に書き加えたと思われる箇所に初めて現れる。また櫂《かい》を削って木刀とするのは『武芸小伝』の話により、武蔵の鉢巻が切り落とされるのは『武芸小伝』の吉岡との勝負にあり、武蔵が飛び上がって、皮袴《かわばかま》の裾《すそ》を切られながら、木刀を打ち下して勝つのは別の話によるものである。『二天記』に載せている決闘の話は、それまでにあった幾つかの話の名場面を巧みに取り入れて構成したフィクションだった。

明治四十二年（一九〇九）になって、熊本の武蔵遺蹟顕彰会が、流派の秘伝書となって伝わってきていた『五輪書』を公開するとともに、江戸時代の資料を集めて、『武州公伝来』と『二天記』を合わせた武蔵の伝記を著した。これ以後、さまざまな武蔵論が言われるようになった。昭和十年（一九三五）から十四年にかけて新聞に連載された吉川英治の小説『宮本武蔵』は、その後、何度も映画や芝居、ラジオ、テレビ、マンガなどにもなって、今日まで武蔵のイメージを決定してきた。

武蔵関係の資料を集め、史料批判をして、その実像を研究しようとする動きは、一九七〇年代から展開し、その流れの中で、周辺も含めて多くの資料が発見されている。武蔵の生涯の全貌がほぼ明らかになってきたのは、没後三百五十年となる一九九五年頃である。

2. 武者修行と実戦勝負の日々

慶長五年（一六〇〇）、日本を二分した関ヶ原の合戦が起こった。この戦いに勝った徳川家康は、西軍方の八十七大名の領地を没収するとともに、豊臣家の直轄《ちょっかつ》地や毛利と上杉の大大名の所領を、それぞれ三分の一に削減した。味方した外様《とざま》大名には合戦の功に応じて主に西国の領地を宛《あ》てがい、要地には親藩・譜代大名を配するとともに、計四百万石を徳川家の直轄地とした。家康が征夷大将軍になるのは三年後だが、この時すでに徳川の覇権が実質上確立したのである。

当時の武蔵についての確かな記録はないが、十九歳になった彼は、養父とともに九州・大分で東軍方の黒田孝高《よしたか》（如水《じょすい》）の下で合戦や城攻めで戦ったようである。養父は黒田家中で百石に遇せられたが、武蔵は、戦後の大名の大移動が一段落した慶長七年（一六〇二）、二十一歳で京都に上って武者修行を始めた。武芸者として身を立てようとしたのである。

関ヶ原合戦に敗れ、主家がなくなって失職した武士は五十万人もいた。この中には、他家に再就職したり、農民や商人になった者もいたが、かなりの数の者がいま一度合

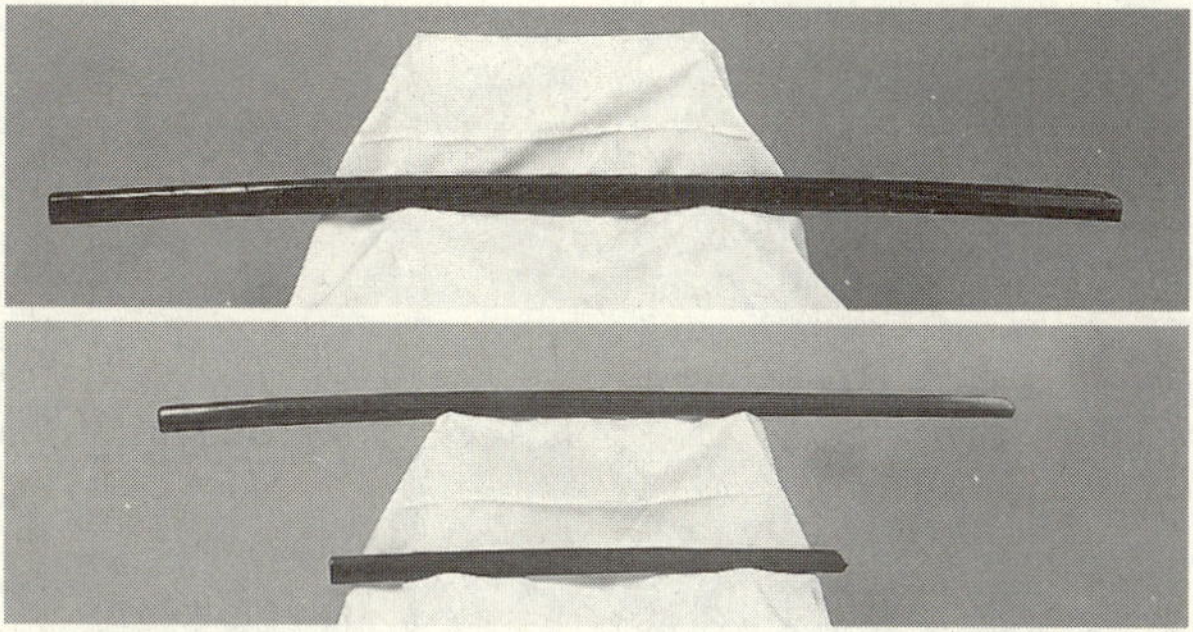

（上）武蔵自作の大木刀。126.8㎝（下）伝武蔵作の木刀。101.8㎝と61㎝（松井文庫蔵）

戦があらばと、牢人《ろうにん》のままでいた。慶長八年、江戸に幕府が開かれたが、大坂城には秀吉の息子・豊臣秀頼がおり、西国には豊臣恩顧の大名が数多くいて、また合戦が起きそうな緊迫感があったので、諸大名は武芸者を優遇していた。関ヶ原合戦から大坂の陣までの約十五年間は、武芸で身を立てようとする多くの者が、各地を武者修行して回り、盛んに勝負を行った時代であった。

武蔵は上京二年後に、かつて養父が戦った吉岡家の当主清十郎に挑戦して勝ち、続いてその弟伝七郎、さらには大勢の門人を伴った清十郎の子又七郎にも勝って一躍有名になった。武蔵は自ら「天下一」を名乗り、翌年にかけて『兵道鏡《へいどうきょう》』と題する術理書も書いて、「円明流《えんめいりゅう》」という自らの流派を立てている。

『兵道鏡』は、養父の目録を踏まえながら、自らの実戦経験の中で摑《つか》んだ術理を書いた二十八箇条の書である。最初に戦いの心持ちや身構え、目付など、術の基礎となることを書き、次いで稽古する太刀の形《かた》九本を挙げ、「勝味位《かちみのくらい》」として太刀遣いの様々な工夫を、最後に「奥」として手離剣の投げ方や大勢の敵との戦い方など、実戦での心得を書いている。この書のことは『五輪書』では特に触れていないが、二十代半ばの武蔵は、実戦勝負を行いながらも、術理を冷静に分析し、表現していたのである。

武蔵は、二十九歳までに、幕府が開かれた江戸から九州まで諸国を巡り、諸流の武芸者と六十余度《よたび》も勝負し、ことごとく勝ったと『五輪書』に書いている。これらの勝負の相手や詳しい内容については何も書いていないが、最後となったのが巌流の小次郎との勝負だったと思われる。

武蔵が晩年、熊本藩の家老に小次郎との勝負の時の武具を尋ねられた際に、自ら削って呈上《ていじょう》した木刀が今日に伝わっている。四尺二寸（一二六・八センチメートル）もあるが、バランスがよく振りやすい白樫《しらかし》の大木刀である（前頁写真）。小倉碑文には、関門海峡の無人島で「両雄同時ニ相会シ」、「三尺余」の真剣を持った巌流に対して、武蔵は大木刀だったが、一撃で巌流を倒したと書かれている。おそらく勝負はこうしたものだったのであろうと考えられる。

武蔵が武者修行をしていた時期は、関ヶ原の戦いの後で、武者修行と実戦勝負が最も盛んで厳しかった時代であったが、命を賭けた勝負を六十余度も行い、その全てに勝ったというのは、武蔵の技が卓越したものであったことを示している。この「天下一」という誇りが、その後の武蔵の術理の根本になっている。

◆コラム②武者修行と「天下一」

戦国時代から、武芸者は武者修行を行っていた。戦国大名に自らを売り込むためというのが大部分であったが、十六世紀半ばには塚原卜伝《つかはらぼくでん》や上泉《かみいずみ》伊勢守などは上洛して、将軍足利義輝の台覧を受け、それぞれ「天下一」の称号を得ている。

武者修行の実態を示す記録がほとんどない中で、ほぼ唯一のものが、上泉の弟子の疋田《ひきた》豊五郎《ぶんごろう》の『廻国日記』である。文禄四年（一五九五）から慶長六年（一六〇一）にかけ、長門から摂津、美濃、甲斐、武蔵、陸奥までを旅し、都合二十四回の立合勝負をして全て勝ったと記している。勝負の時、相手はたいてい木刀で、中には「六尺余の棒」や「五尺余の太刀」「四尺ばかりの木刀に筋金四方に打ちたる」ものもあった。最後の相手は、西国武者修行をして三十人に勝っていたという武芸者であったが、この者に勝って「もはや西国にお越しも無用」「日本一たり」と言われたので、武者修行を終えたと書いている。

関ヶ原後、西軍側の大名が取り潰されて大量の牢人が出たので、新たな仕官を求めて武者修行する者が数多くいた。また仕官のためではないが、新陰流の柳生兵庫助も関西を中心に武者修行をしていた。

武者修行は武蔵の壮年期まで行われていたようである。『海上物語』は、関八州から奥州まで武者修行をして試合に勝ち「兵法日本一」を称していた夢《む》想《そう》権之《ごんの》助《すけ》が、明石に武蔵がいると聞いて、その道場に乗り込んで勝負を挑んだところ、武蔵に道場の隅に追い詰められた上で、眉間を打たれて敗れたと書いている。

十七世紀半ばには他流との試合が禁止され、武者修行は行われなくなる。これが再び行われるのは、剣術が防具を着けて竹刀で打ち合う撃剣《げきけん》（竹刀剣術）に変わって一般化した十九世紀中期以降となる。

武蔵は三十歳を越えてから改めて、全て勝ってきたこれまでの勝負を振り返り、まだ「兵法至極《しごく》」にして勝ったのではないと反省する。そして「なをもふかき道理」を得ようと朝鍛夕練を重ねたと『五輪書』に書いている。実戦勝負の時代を終え、兵法の道理を追求する時代に入ったのである。

慶長二〇年（一六一五）、大坂夏の陣で徳川家康は豊臣秀頼を滅ぼすが、この時武蔵は徳川方の譜代大名の下で出陣した。大坂の陣の後、幕府は、「一国一城令」並びに「武家諸法度《ぶけしょはっと》」を公布して、城は各藩に一つとして他は破却させるとともに、大名統制を強化した。「元和偃武《げんなえんぶ》」（元和となって武が偃《や》んだ）と言われるように、全国規模の合戦はなくなり、以後二百五十年間、「太平」の世が続くことになる。

武蔵は、大坂の陣の後、生家近くの姫路に戻っていたらしく、元和三年（一六一七）、姫路に移封されてきた譜代の本多藩に客分として遇される。そこで藩士の剣術を指導するとともに、本多藩が幕府の命で助力することになった隣りの小笠原藩が明石城を築いた時には、城下町の町割りに協力したと伝えられている。姫路の本多家も、明石の小笠原家も、それぞれ伊勢桑名と信州松本から播磨に入ったばかりだったため、地元出身の武蔵を重用したのであろう。また大坂の陣の時、武蔵が参陣した譜代大名の鑓《やり》奉行の息子・三木之助を養子に採って姫路藩主の嫡男の側に仕えさせた。

九年後の寛永三年（一六二六）、三木之助は主君が病没したため殉死した。同年、武蔵は実兄の二男で甥にあたる伊織《いおり》を養子とし、明石の譜代小笠原忠真《ただざね》に近習として出仕させ、自らも客分となって明石に移ったようである。伊織は、この出仕から僅《わず》か五年後、二十歳にして小笠原藩の家老の一人になっている。新参の若い伊織の異例の出世は、養父の武蔵の功績と合わせたものに相違なく、当時の武蔵の評価の高さを窺《うかが》わせるものである。

武蔵は、本多藩の客分となった姫路時代から、坐禅をし、絵を描き、また寺院や城内の庭の造園も行ったようである。時代も寛永に入り、長年の戦乱で荒廃していた京の復興も進み、大名や公家、上層町衆や文化人達が相互に交流し合う寛永文化が開花しつつあった。江戸でも、また各地の城下町でも、将軍や大名の周辺でそれぞれ同じような文化交流の場が出来ていた。武蔵は、姫路、明石という京に近い地の譜代の客分としての社会的信用を持つとともに、藩に縛られぬ自由な身であったので、諸芸諸能の名人たちと交わり、またしばしば訪れた禅寺などで水墨画の名品を数多く目にしていたはずである。

武蔵は、『五輪書』で「道をおこなふ法」として、「諸芸にさはる所」「諸職の道を知る事」を掲げているが、このような諸芸諸職の道を広く知ったことにより、剣術だけではなく、より普遍的な道を考えるようになったと思われる。武蔵は、『五輪書』で五十歳の頃「をのづから兵法の道にあふ」と言い、「兵法の利にまかせて諸芸諸能の道となせば、万事におゐて我に師匠なし」と言い切っている。

寛永九年（一六三二）、小笠原藩は幕府の命により、明石十万石から九州の要地小倉十五万石に加増されて移された。武蔵も、家老であった伊織と共に小倉に渡った。

五年後の寛永十四年十月、九州の島原でキリシタンや牢人・農民たちが蜂起《ほうき》し、三万七千人が原城に立て籠もるという島原の乱が起こった。事態を重く見た幕府は、翌年一月、老中松平信綱を派遣するとともに、九州の諸大名を動員し、計十二万四千人の大軍勢で鎮圧しようとした。この時伊織は小倉藩兵八千百人を率いた惣軍奉行《そうぐんぶぎょう》となり、武蔵は、小倉勢と一体で行動した中津藩の騎馬武者として出陣している。戦いでは、伊織は隣りの藩の大名からも賞される程の活躍をし、武蔵も前線に出て行き、宮崎の大名の軍功を証する手紙を書いている。武蔵は、合戦での大将の働きの実際も承知していたのである。

◆コラム③大名の客分

客分《きゃくぶん》とは、大名が学んだり、家臣の教育のために特に委嘱《いしょく》され、大名のゲストとして遇された者のことである。有名な禅僧や芸能者、武芸者などがなった。江戸初頭の大名は新たな体制の中で支配者になったばかりだったので、多くのブレーンを必要としていた。また、将軍や大名同士の付き合いで茶の湯や観能などもあるので、作法や謡《うたい》・仕舞《しまい》などを一流の芸能者に学んでいた。武芸においても、再び合戦が生じる時のことも考え、実力ある武芸者を呼び、大名自らも稽古していた。そうした時代風潮の中で有名武芸者は、家臣ではなく、自らは自由な客分となることを望み、代わりに息子や養子などを仕官させることがあったようである。

慶長十八年（一六一三）の大分日出《ひじ》藩主の『木下延俊日次記《ひなみき》』には、弓の道雪派の祖・伴道雪が、自らは客分となり、甥を出仕させている例が書かれている。この日次記には、「兵法者無二」が登場し、京都で藩主に会って間もなく採用され、日出まで同行して、時々に藩主に稽古をつけたとある。姓は書かれていないが、これは武蔵の養父・宮本無二の晩年の姿である可能性が高い。

幕藩体制の組織が整備された江戸中期以降になると、芸能者や武芸者が代々藩に仕えるようになったので、客分は必要なくなった。客分という存在が忘れられた時代に、武蔵はどこにも仕官しなかったので牢人（浪人）と見なされ、当時の浪人のイメージから就職できなかった野人的な剣客とする虚像が持たれるようになったようである。

4. 晩年の武蔵と『五輪書』

五十代も後半になった武蔵は、伊織が島原の乱におけるさまざまな働きと軍功を認められて藩の筆頭家老になったのを見届けてから、自分の兵法を伝え残すべく、江戸や尾張に赴いたようである。けれども寛永も末期になり、参勤交代が制度化され、鎖国体制も完成し、老中制が出来るなど、組織制度が整備され、幕藩体制が固まり安定した時代になっていた。親の禄高に連動させる世禄制も始まっており、将軍家においても各藩においても兵法師範が定着して、その職は子や門弟に受け継がれるようになっていた。しかも武蔵は、当時の剣術や流派のあり様をはるかに超え出ていたので、技のすごさは認められても、その考え方は容易には理解されなかったであろうし、江

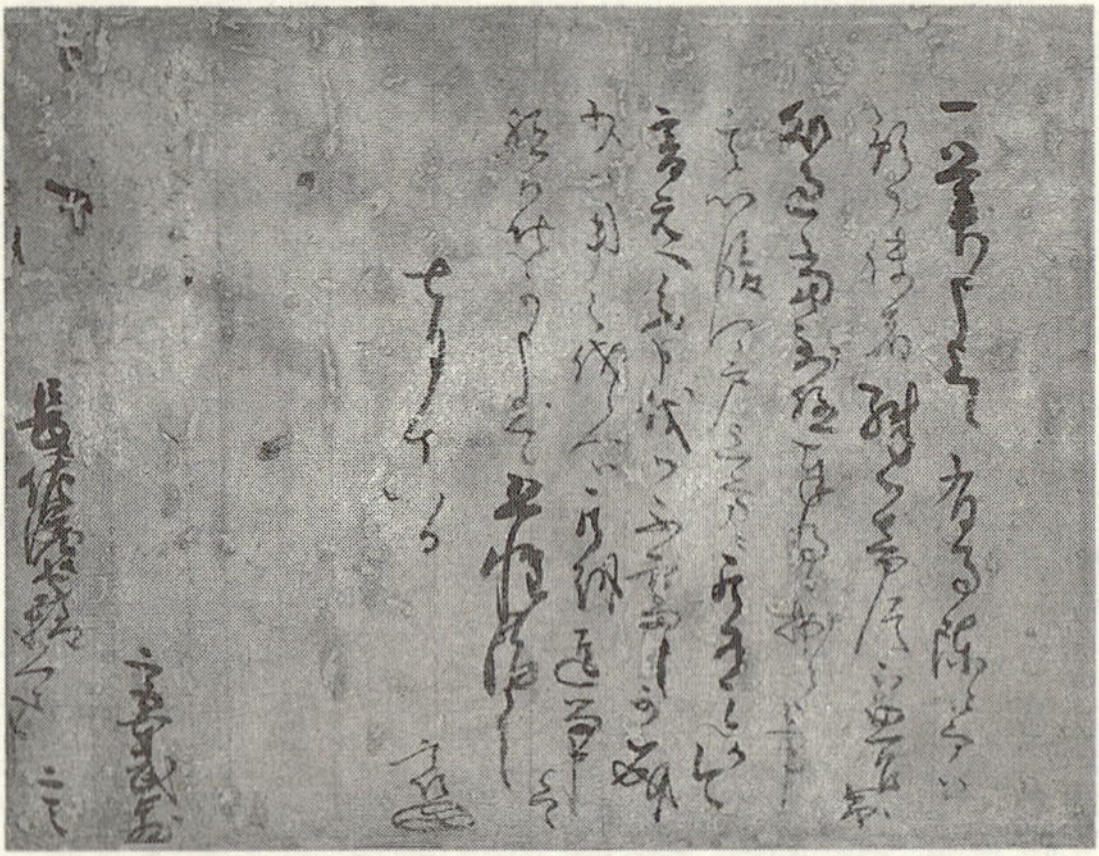

長岡佐渡守興長宛　武蔵自筆書状（八代市立博物館蔵）

戸や尾張には武蔵が入り込める余地はなかったのかも知れない。

寛永十七年（一六四〇）八月、武蔵は再び九州に戻って熊本藩の客分になった。熊本藩は、五十四万石という大藩で、武芸の盛んな地でもあった。藩主の細川忠《ただ》利《とし》は、武蔵と同世代で、文武ともに優れ、島原の乱でも大将として目覚ましい指揮をし、また剣術においても柳生宗矩《むねのり》の高弟であり、将軍の御前で柳生十兵衛と演武するほどの腕前であった。しかも筆頭家老の長岡佐渡守は、武蔵の養父の後援者であり、島原の陣中でも武蔵に使者を遣わしていた。武蔵は、長岡佐渡に書状を送り、その仲介により熊本藩の客分になったことが最近発見された書状で判明

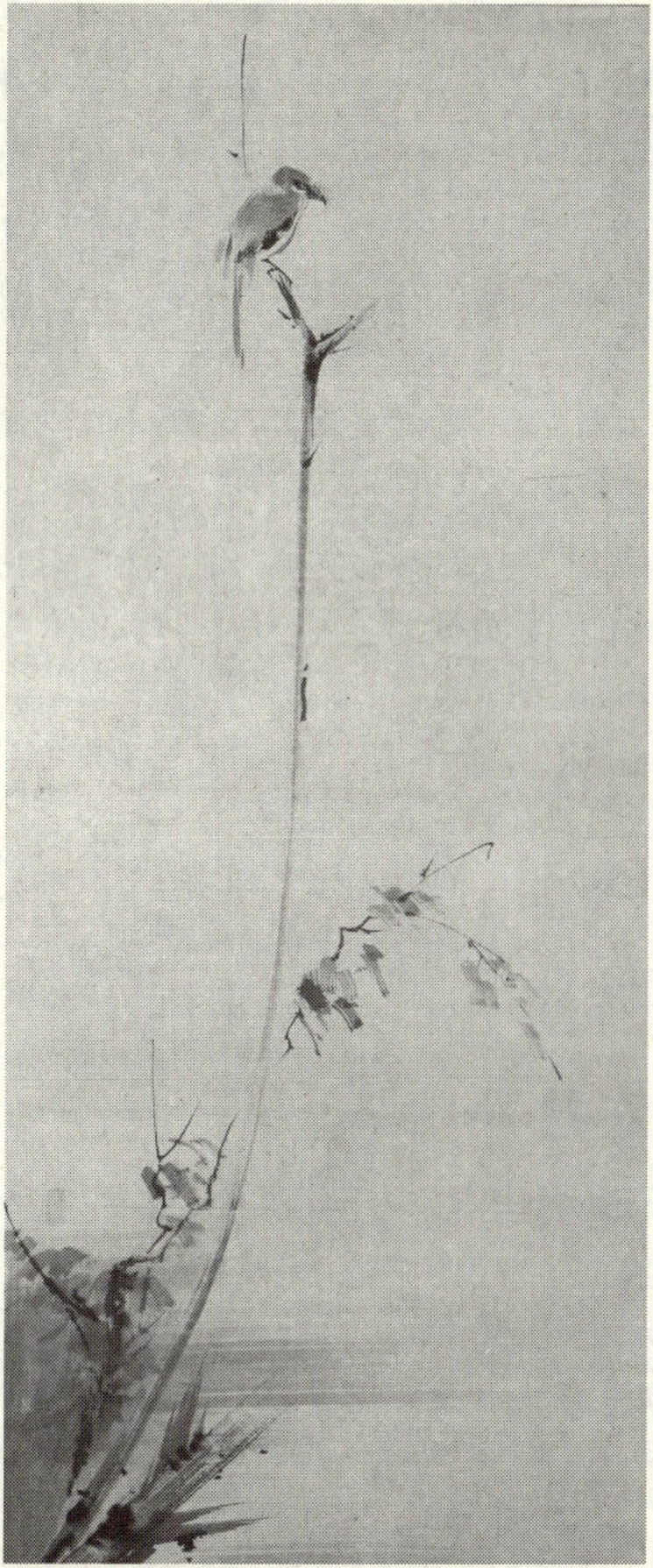

重要文化財　宮本武蔵筆「枯木鳴鵙図」（和泉市久保惣記念美術館蔵）

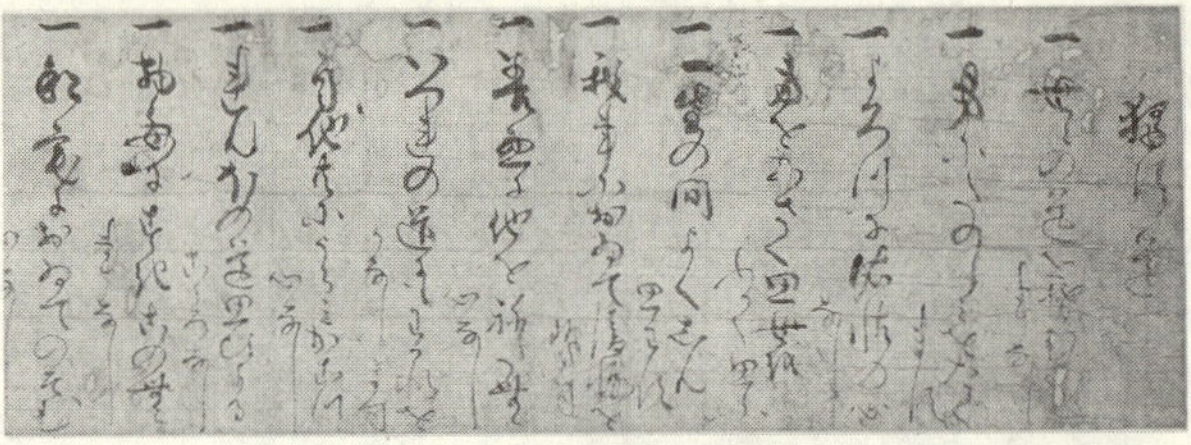

武蔵自筆『独行道』（鈴木猛氏寄贈・熊本県立美術館所蔵）

した。時に五十九歳であった。

武蔵は、来て早々柳生新陰流の師範や藩主自身とも立ち合い、ともに相手に少しも技を出させないまま勝ったので、藩主の信服を得、武蔵の二刀一流は藩内に広がることになったといわれる。翌寛永十八年二月、二刀一流剣術の心得の覚書『兵法三十五箇条《へいほうさんじゅうごかじょう》』を書いて、藩主に呈上した。ところが藩主忠利はその一ヶ月後に急逝する。武蔵にとって衝撃は大きかったと思われるが、次の若い藩主や家老に引き続き厚遇されたことにより、武蔵はこの地に留まった。武蔵の門弟となった者は、藩主・家老から軽輩まで、熊本藩や長岡家中で千余人であったという。最晩年の四年間、武蔵は坐禅をし、画を描き、また家老達の茶の湯や連歌の会に招かれたりして、閑かな日々を過ごしていたようである。

今日残る武蔵の水墨画のほとんどは、この熊本時代のものである。これらの画は、対象の本質をわずかな筆で描く減筆法を極めた武蔵独自の風であり、日本美術史上においても高

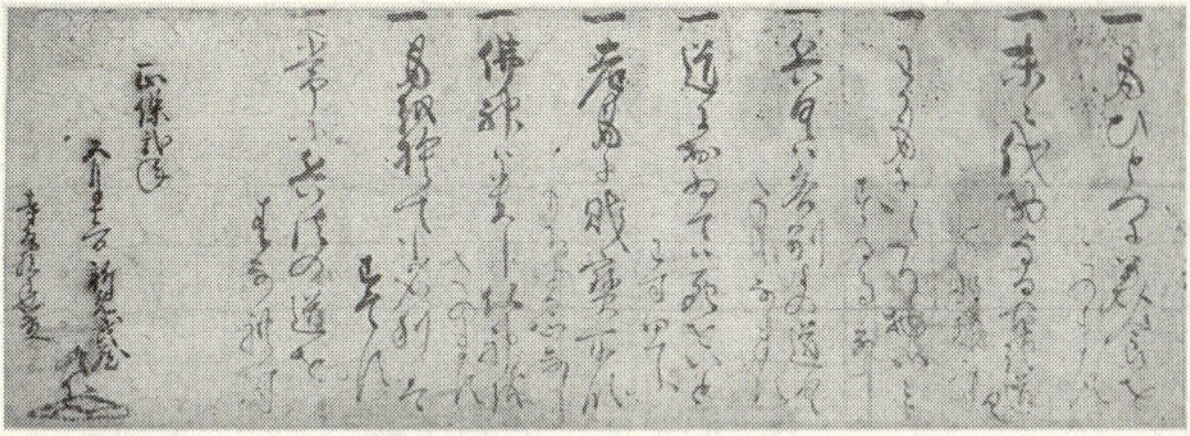

い評価を得ている。例えば有名な「枯《こ》木《ぼく》鳴《めい》鵙《げき》図《ず》」（前掲写真・重要文化財指定）は、鵙《もず》が静かな中にも動きを秘めて枝に止まっており、画全体が一分の隙《すき》もない鋭さに貫かれていて、まさに「兵法の利」を以って研ぎ澄まされた武蔵の気がよく表われている。達磨《だるま》や布袋《ほてい》の水墨画も数多く残しているが、これらの画からも武蔵が禅に深く通じていたことが窺われる。このように諸芸の内奥に触れたことが、武蔵の論に単なる兵法論にとどまらぬ深みをもたらしたと思われる。

寛永二十年（一六四三）十月、熊本郊外にある岩戸山雲巌寺の霊巌洞《れいがんどう》に籠もって筆を執る、と『五輪書』の冒頭にある。本論は「今世の中に兵法の道慥《たしか》にわきまへたる武士なし」と書き始めている。

大坂の陣以来、全国規模の合戦がなくなって約三十年。社会を領導するのは、徳川体制となってから生まれ育った若い世代である。五年前の島原の乱における戦い方を見ても、戦い方を知らない武士たちばかりだと、武蔵は歯がゆく思ったようである。しかも国内では西日本を中心に寛永の大飢饉に見舞われていた。中国大陸では満州に興った清《しん》が長城を越えて首都北京を占領するに至り、明《みん》帝国は滅亡した。日本では鎖国体制を敷いているが、またいつ戦いになるかも知れない。どうなろうとも武士としての覚悟を持っていなければならない。道場だけの流派剣術が盛んに行われているが、あれでは実戦には通用しない。武蔵は生涯を通じて鍛練してきた兵法の実《まこと》の道を、何とか書き残しておきたいと思って、筆を執ったのである。

武蔵は、一年後病《わずら》いを患い、家老に説得されて城下の邸に戻る。藩主や家老から派遣された医師や藩士の看護を受けるようになったが、この間も『五輪書』を仕上げようと文章を推敲していたようである。そして半年後の正保二年（一六四五）五月十二日、死の一週間前に漸《ようや》く『五輪書』を書き上げ、清書はできず草稿のままであったが、直弟子寺尾《てらお》孫之丞《まごのじよう》に譲り渡した。

武蔵は、この日、その他一切の所持品の始末をつけた後、自らの生涯を振り返り、二十一箇条の短文にまとめた『独行道《どつこうどう》』（前頁写真）を書いた。「世々の道をそむくことなし」から始め、「我、事におゐて後悔をせず」、「仏神は貴し、仏神をたのまず」、そして「常に兵法の道をはなれず」と締め括っている。そして五月十九日、武蔵は静かにその生涯を終えたのである。

第二部　『五輪書』を読む

書名・執筆時期・写本

この書は、地《ち》・水《すい》・火《か》・風《ふう》・空《くう》の五巻から成るが、武蔵自身がこの五巻全体をどう呼んでいたかは不明である。武蔵から原本を譲られた寺尾孫之丞は写本の奥書に「地水火風空之五巻」と記している。「地水火風空」は、仏教でいう宇宙の要素を示す「五輪」に当たるので、十八世紀初期から『五輪書』と呼ばれるようになり、この書名が定着するようになった。

武蔵は、この書を寛永二十年(一六四三)十月十日に書き始めると、冒頭に書いている。そして各巻末の奥書は「正保二年(一六四五)五月十二日」となっていることから、武蔵は死の一週間前に弟子の寺尾孫之丞に譲ったようである。

武蔵自筆の原本は今日残っていない。寺尾は、武蔵没後六年から計四本の写本を弟子に授与したようであるが、没後二十二年に山本源介に与えたとする奥書を持つ細川家本が残っている。

【本文の表記】

一、原文には、細川家本を底本に、その他写本五本を照合・校訂した本文（拙著『定本五輪書』参照）を使用することにする。

二、各巻の最初に全体の構成を説明した上で、重要と思われる条目の原文を、一部は省略して掲載した。省略箇所が掲載文中にある場合は（略）としたが、引用冒頭および末尾にある場合は、特に示さなかった。

三、数箇条をまとめる場合には条目ごとに番号を付した。

四、読みやすくするために、原文に、句読点を施し、難読の漢字には振り仮名、平仮名には相当する漢字を付け、また引用符を入れ、適宜改行を施した。

五、現代語訳は、基本的に原文に忠実な訳を心掛けたが、そのままでは意味が通じにくい箇所は意訳をしている。原文にない補いには（　）を付けた。

六、解説は、前後との関係を示すとともに、その意味などについて武蔵の独自性に焦点を当てて解説した。

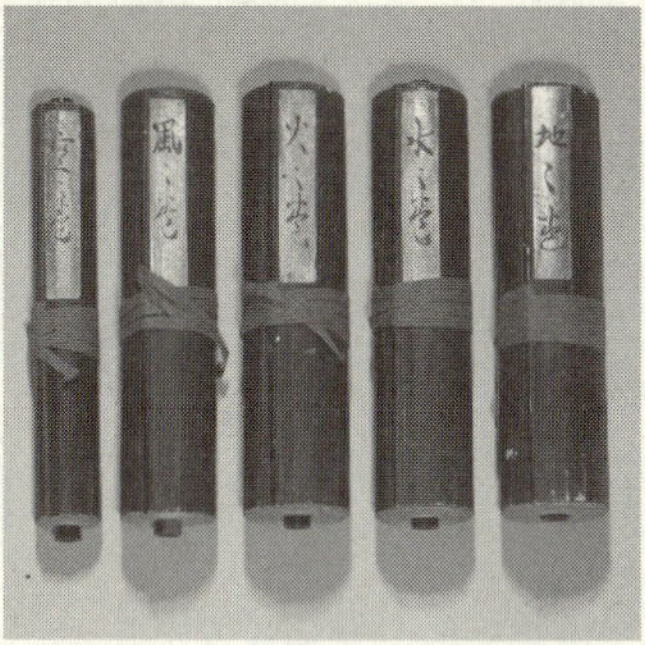

細川家本『五輪書』（永青文庫蔵）

地の巻

序

地の巻の書き出しは、全体の序にあたる。最初に自《みずか》らを名乗り、次いで自らの来歴を書くことにより、これらの体験に裏づけられて本書が叙述されていることを示す。そして自らの体験から見出したものを、仏教・儒教の言葉を借りずに自らの言葉で書くと宣言している。以下、三節に分けて見ることにする。

〔序――(1)名乗り〕

兵法の道、二天一流と号し、数年鍛練の事、初而《はじめて》書物に顕《あらわ》さんと思ひ、時に寛永二十年十月《かんなづき》上旬の比《ころ》、九州肥後《ひご》の地岩戸山《いわとのやま》に上り、天を拝し、観世音《かんぜおん》を礼し、仏前に向ひ、生国《しょうごく》播磨《はりま》の武士、新免武蔵守藤原玄信《しんめんむさしのかみふじわらのげんしん》、年つもって六十。

——兵法の道について、「二天一流」と号して、数（十）年鍛練して見出したことを、初めて書物に書き表そうと思って、寛永二十年（一六四三）十月上旬の頃、九州熊本の地の岩戸山に上り、天を拝し、観世音菩薩を礼拝して、仏前に向かっている。生国は播磨の国（兵庫県南部）の武士、新免武蔵守藤原玄信、年を積み重ねて六十である。

〔序——⑵自己の来歴〕

我《われ》、若年《じゃくねん》のむかしより、兵法の道に心をかけ、十三にして初而《はじめて》勝負をす。そのあいて新当流《しんとうりゅう》・有馬喜兵衛《ありまきへえ》と云《いう》兵法者に打勝ち、十六歳にして但馬国《たじまのくに》秋山といふ強力《ごうりき》の兵法者に勝ち、二十一歳にして都へ上り、天下の兵法者にあひ、数度の勝負をけつ《決》すといへども、勝利を得ざるといふ事なし。其後《そのご》国々所々至り、諸流の兵法者に行合《ゆきあい》、六十余度迄《まで》勝負すといへども、一度もその利を失はず。其《その》程、年十三より二十八、九迄《まで》の事也。

——私は、少年時代から、兵法の道（武士としてのあり様）に心を懸けており、十三歳で初めて勝負をした。その相手・新当流の有馬喜兵衛という武芸者に打ち勝ち、十六歳の時には、但馬国の強いと評判の秋山という武芸者に勝ち、二十一歳の時には京都へ上って、天下に名立たる武芸者と何度か勝負をしたが、勝利を得ないことはなかった。その後、諸国のいろいろな所に行って、諸流派の武芸者と出会って、六十回以上も勝負をしたが、一度も敗れたことはない。それは、十三歳から二十八、九歳までのことである。

我三十《みそぢ》を越へて、跡《あと》をおもひみるに、兵法至極《しごく》してかつにはあらず。をのづから道の器用ありて、天理をはなれざる故《ゆえ》か、又は他流の兵法不足なる所にや。その後なおもふかき道理を得んと朝鍛夕練してみれば、をのづ《お》から兵法の道にあふ事、我五十歳の比《ころ》なり。夫《それ》より以来《このかた》は尋入《たずねいる》べき道なくして光陰《こういん》を送る。兵法の利にまかせて諸芸諸能の道となせば、万事におゐ《い》て我に師匠なし。

——私は三十歳を越えてから、それまでの勝負の跡を振り返ってみると、兵法の道を極めて勝ったというわけではなかった。（全て勝ったのは）自分が生まれつきこの道に器用であって、必勝の道理を離れなかったからなのか、あるいは他流派の相手に至らない所があったからであろうか。それ以来「より深い道理」を会得しようと朝夕鍛練を続けていったが、おのずから兵法の道を会得するようになったのは、私が五十歳の頃であった。それ以来、これ以上探求すべき道はもはやなく、歳月を送っている。兵法の道で会得した道理に拠《よ》って、他のさまざまな芸能の道を行っているので、全てにおいて、私に師匠はないのである。

〔序――(3)本書の叙述の仕方〕

今、此書《このしょ》を作るといへども、仏法・儒道《じゅどう》の古語をもからず。軍記・軍法の古きことをもちひず《用》、此一流の見たて、実《まこと》の心を顕《あらわ》す事、天道と観世音《かんぜおん》を鏡として、十月十日之夜、寅《とら》の一てんに、筆をとつて書初《かきそむ》るものなり。

――今、この本を著すにも、仏教や儒教の古くから言われている言葉を借りることなく、軍記や軍学の故事を引用することもせずに、この二天一流の見方、真実の心を書き表すものである。（人間を越えた）天道と、観世音菩薩を鏡として、十月十日の夜、夜明けの時に、筆を執って書き始めるものである。

解説 1

武蔵は、二十九歳まで諸国武者修行をして、六十回以上もの勝負に全て勝ったと書いているが、これは、武者修行が盛んであった当時でもとりわけ際立ったことである。しかも三十歳から「なおもふかき道理」を追求して、五十歳の頃に道に達したという。第一部で見たように、武蔵はこの時期には譜代大名の客分になって、諸芸の名人たちとも交わり、また社会のあり様を冷静に見るようになった。五十歳の頃は、養子の伊織が藩の家老になって国の政治を実際に執り行うようになっていた。兵法の理によって考えれば、諸芸諸能においても「万事におゐて我に師匠なし」と言い切ることによって、彼が達した兵法の理が普遍的であることを示している。それゆえ、この書は、仏教や儒教、軍記や軍学などの言葉を借りないで、自分の言葉で自らが見出した道理を述べるのである。天道や観世音という超越的なものの前で書くというのは、大きなるものの下にあって身を正して真実を書くことを言っている。

地の巻の構成

以上、全体の序にあたる部分を最初に置き、続いて本論が始まる。

はじめに、兵法は「武家の法」であるから、武士である限り、大将であっても士卒であっても、同じく心得るべきものだと強調する。

第一条から第三条までは、兵法とは何かを示している。武蔵は、兵法は剣術だという当時の通念を否定して、武家の法全てにわたるものだと主張する。それ故、士農工商という社会全体において武士を考えてみて、武士たる者は兵法の道に努めるべきだと言う。武士といっても、大将と士卒ではあり様が異なるので、大工の棟梁と平大工に譬《たと》えて巧みに説明する。

第四条は、地・水・火・風・空の五巻の名の由来とそれぞれの内容を予《あらかじ》め示す。

第五条以下、四箇条は武士の心得るべき事を説明している。まず自らが二刀とする理由を説明する。兵法を狭義と広義に分けて示した後、武士が用いる全ての武具の長所と使うべき場面を述べる。また兵法の拍子を論じる。

地の巻の結びでは、「道をおこなふ法」として九箇条を掲げ、兵法の道を学ぶ心意気を示している。

〔本論はじめに――兵法とは何か〕

夫《それ》兵法と云《いう》事、武家の法なり。将《しょう》たるものは、とりわき此《この》法をおこなひ、卒《そつ》たるものも此道を知るべき事也。今、世の中に兵法の道、慥《たしか》にわきまへたる武士なし。

先《まず》、道を顕《あらわ》して有は、仏法として人をたすくる道、又儒道として文の道を糺《ただ》し、医者といひて諸病を治する道、或《あるい》は哥道《かどう》者とて和歌の道をおしへ、或は数《す》寄《き》者、弓法者、其外諸芸諸能までも、思ひ〳〵《おもい》に稽古し、心々にすくもの也。兵法の道にはすく人まれ也。先《まず》、武士は「文武二道」といひて、二つの道を嗜《たしなむ》事、是《これ》道也。縦《たとい》、此道ぶきよう《不器用》なりとも、武士たるものはおのれ〳〵《おのれ》が分《ぶん》際《ざい》程は、兵の法をばつとむべき事なり。

――そもそも兵法というのは、武家の法である。大将たる者は、特にこの法を行い、士卒（兵士）たる者も、この法を知るべきである。今の世の中で、兵法の道を確かに弁《わきま》えている武士はいない。

世の中で道と言われるものは、まず仏法として人を救う道、また儒教の道として文の道を正し、医者と言っていろいろな病を治す道、あるいは歌道者と言って和歌の道を教え、あるいは茶の湯者や弓の礼法家、その他諸芸諸能があるが、いずれも思い思いにそれぞれの道を稽古し、それぞれの心でその道を好んで行っているものである。

（それに対して、）兵法の道を好んで行う者はまれである。まず武士は「文武両道」と言って、文と武の二つの道を心掛けるのが、正しい道である。たとえこの道には不器用であろうとも、武士たる者は、それぞれの分限に応じて、兵法の道を努めるべきである。

大形《おおかた》武士の思ふ心をはかるに、武士は、只《ただ》死ぬると云《いふ》道を嗜《たしなむ》事と覚ゆるほどの儀也。死する道におゐては、武士斗《ばかり》にかぎらず、出家にても、女にても、百姓以下に至る迄《まで》、義理をしり、恥をおもひ、死する所を思ひきる事は、其差

別なきもの也。

武士の兵法をおこなふ道は、何事におゐても人にすぐるゝ所を本とし、或は一身の切合《きりあい》にかち、或は数人の戦に勝、主君の為、我身の為、名をあげ、身をたてんと思ふ。是兵法の徳をもつてなり。又世の中に、兵法の道をならひても、実《まこと》の時《とき》の役にはたつまじきとおもふ心あるべし。其儀に於ては何時にても、役にたつやうに稽古し、万事に至り役にたつやうにおしゆる事、是兵法の実《まこと》の道也。

――およそ今の武士が思う心を推しはかるに、武士はただ死ぬ覚悟を心掛けるのが道だと思っているようである。けれども死ぬ覚悟は、武士だけに限らない。僧侶でも、女性でも百姓以下に至るまで、義理を知り、恥を思い、死ぬべき時を思い切ることは、およそ差がないものである。

武士が兵法を行う道は、何事においても人より優れていることを根本として、あるいは一人で行う切り合いに勝ち、あるいは数人の戦いに勝ち、主君のため、自分のために、名を上げ、身を立てようと思うことであり、これも兵法のすぐれた力によって得られるものである。

また世の中には、兵法の道を学んでも、実際に戦う時には役に立つはずがないと思う考えもあるだろう。それに対しては、何時でも役に立つように稽古し、万事において役に立つように教えることこそ、兵法の真実の道である。

〔兵法の道――⑴剣術だけではないこと〕兵法の道と云事

漢土・和朝までも、此道をおこなふ者を、兵法の達者《たつしや》といひ伝へたり。武士として、此法を学ばずと云事、あるべからず。

近代、兵法者と云て世を渡るもの、是は剣術一通《ひととおり》の事也。常陸国《ひたちのくに》かしま《鹿島》・かんとり《香取》の社人共、明神《みようじん》の伝へとして流々《りゆうりゆう》をたて、国々を廻《めぐ》り人につたゆる事ちかき比《ころ》の義也。古《いに》しへより十能七芸と有うちに、利《り》方《かた》と云て、芸にいたるといへども、利方と云出すより、剣術一遍《いつぺん》にかぎるべからず。剣術一ぺんの利までにては、剣術もしりがたし。勿論《もちろん》兵の法には叶《かなう》べからず。

世の中をみるに、諸芸をうり《売》物にしたて、我身をうり物のやうに思ひ、諸道具につけてもうり物にこしらゆる心、花実の二つにして、花よりもみ《実》のすくなき所なり。とりわき此兵法の道に、色をかざり、花をさかせて、術とてらひ、或は一道場、或は二道場など云て、此道をおしへ、此道を習ひて、利を得んとおもふ事、誰か云、「なま《生》へいほう《兵法》大疵《おおきず》のもと」、まこと成《なる》べし。

——中国であれ日本であれ、この道を会得して行う者を兵法の達者と言い伝えてきた。武士として、この道を学ばないということはあってはならない。

近頃、兵法者と言って世を渡っている者は、剣術だけを行っている者である。常陸の国（今の茨城県南部）の鹿島・香取の社人たちが、明神の伝えとして流派（新当流）を立て、諸国をめぐって人々に伝えたのは、最近のことである。昔から「十能七芸」とある中で、（兵法は）利あるやり方と言って、芸に及んでいるが、実利あるやり方と言うからには、剣術だけに限られない。剣術だけの利では剣術も知ることが出来ない。もちろん合戦も含めた戦いの法に適《かな》うはずがない。

世の中を見るに、諸芸を売り物に仕立て、わが身を売り物のように思い、諸道具についても売り物にこしらえる心、花と実の二つある中で、花よりも実の少ない所である。とりわけこの兵法の道では、色を飾り、花を咲かせるように、術を衒《てら》い、あるいは一道場、あるいは二道場などと言って、この道を教え、この道を習って戦いで勝つ利を得ようと思うのは、世間で言う、「生《なま》兵法は、大けがの基」というのが本当であろう。

〔兵法の道――⑵社会の中での位置づけ〕

凡《およそ》人の世を渡る事、士農工商とて四つの道也。

一つには農の道。農人は色々の農具をまうけ、四季転変の心得いとまなくして、春秋を送る事、是《これ》、農の道也。

二つにはあきないの道。酒をつくるものは、それ〴〵《ぞれ》の道をもとめ、其《その》善悪の利を得てとせい《渡世》をおくる。いづれもあきないの道、其身〳〵《そのみ》のかせぎ、其利をもつて世をわたる也。是、商の道。

三つには士の道。武士においては、さま〴〵《ざま》の兵具をこしらゑ、兵具しな〳〵《じな》の徳をわきまへたらんこそ、武士の道なるべけれ。兵具をもたしなまず、

其具〱《そのぐ》の利をも覚ざる事、武家は少々たしなみのあさきもの歟《か》。

四つには工の道。大工の道におゐては、種々様々の道具をたくみこしらへ、其具〱を能《よく》つかひ覚《おぼえ》、すみかねをもつて、そのさしづ《差図》をたゞし、いとまもなくそのわざ《業》をして世を渡る。

是、士農工商四つの道也。


——およそ世を渡るには、士農工商という四つの道がある。

一つには農の道。農民はさまざまな農具を用意して、春夏秋冬の四季の移り変わりに心を配って、季節を送っている。これが、農の道である。

二つには商の道。酒を造る者は、それぞれに工夫して、その良し悪しによって利益を得て世を渡っている。商いの道はいずれも、それぞれの身の稼ぎで、利益を得て世を渡る。これが、商の道である。

三つには士の道。武士においては、それぞれの武具を作り、武具の利点を弁《わきま》えてこそ、武士の道というべきものである。武具も作らず、それぞれの利点も分かっていないというのでは、いささか武士としての自覚が足りない者ではないか。

四つには工の道。大工の道においては、さまざまな大工道具を巧みにこしらえ、それぞれの道具をよく使いこなし、物差しによって設計通りに造り、暇なくその技を尽くして世を渡るのである。

これが、士農工商の四つの道である。

〔兵法の道――⑶大将の兵法〕兵法の道、大工にたとへたる事

大将は、大工の棟梁《とうりょう》として、天下のかね《矩》をわきまへ、其国のかねを紏《ただ》し、其家のかねを知事《しること》、棟梁の道也。大工の棟梁は、堂塔《どうとう》・がらん《伽藍》のすみかねを覚、くうでん《宮殿》・ろうかく《楼閣》のさしづを知り、人々をつかひ、家々を取立る事、大工の棟梁も武士の棟梁も同じ事也。

家を立るに木くばりをする事、直《ちょく》にして節《ふし》のなく、見つきのよきをおもての柱とし、少しふしありとも、直につよきをうらの柱とし、たとひ少《すこし》よはくとも、ふし《(節)》なき木のみざま《見様》よきをば、敷居《しきい》・鴨居《かもい》・戸・障子と、それ〳〵《ぞれ》につかひ、

ふしありともゆがみたりともつよき《強》木をば、其家のつよみ〳〵《つよみ》をみわけて、よく吟味して、つかふにおゐては、其家久敷《ひさしく》くづれがたし。

棟梁において大工をつかふ事、其上中下を知り、或《あるい》はとこ《床》まわり、或は戸障子、或敷居、鴨居、天井以下、それ〳〵につかひて、あしきにはねだ《根太》をはらせ、猶悪《なおあし》きには、くさびをけづらせ、人をみわけてつかへば、其はかゆきて、手際《てぎわ》よきもの也。果敢《はか》の行《ゆき》、手ぎわ《際》よきと云所《いうところ》、物毎《ものごと》をゆるさゞる事、たいゆふ《大用》を知る事、気の上中下を知る事、いさみ《勇》を付ると云事、むたい《無体》を知ると云ふ事、かやうの事ども、棟梁の心持にある事也。兵法の利かくのごとし。

——（兵法の道を大工にたとえて言えば、）大将は、大工の棟梁と同じように、天下の法を弁え、その国の法を正しくし、その家の法を知ることが、棟梁の道である。大工の棟梁は、寺院の堂塔伽藍の寸法を覚え、宮殿楼閣の設計を知り、部下を使ってそれぞれの建物を建てるのであり、（その点では、）大工の棟梁も武士の棟梁も同じことである。

家を建てる時に、まず材木を割り振るが、真っ直ぐで節がなく見映えのよい木を表の柱とし、少し節があっても真っ直ぐで強い木を裏の柱とし、少し弱くても節なく木の表面がきれいである木を敷居や鴨居、戸や障子にそれぞれ使う。節があって曲がっていても強い木を、その家の強さが必要な所をよく吟味して使うならば、その家は長く崩れにくいものとなる。

棟梁が大工を使うには、それぞれの技量の上中下を知って、ある者には床まわり、ある者には戸障子、ある者には敷居、鴨居、天井というように、それぞれに使って、下手な者には床下の横木を張らせ、もっと下手な者には楔《くさび》を削らせるように、人を見分けて使えば、手際よく仕事が進んでいくものである。はかどるよう、手際よく進めること、いい加減なことを許さないこと、大事なこと、気の上中下を知ること、（仕事全体に）勢いをつけること、無理なことを知ること、これらの事などが、棟梁の心に置くべきことである。兵法の道理もこのようなものである。

〔兵法の道――(4)士卒の兵法〕兵法の道

士卒たるものは、大工にして、手づから其道具をとぎ、色々のせめ道具をこ

しらへ、大工の箱に入れて持《もち》、棟梁の云付《いいつく》る所をうけ、柱・かうりやう《虹梁》をも、てうの《手斧》にてけづり、とこ《床》・たな《棚》をもかんなにてけづり、すかし物・ほり物をもして、よくかねを糺《ただ》し、すみずみ・めんどう《馬道》迄も、手ぎわ能《よく》したつる所、大工の法也。大工のわざ、手にかけて能しおぼへ、すみかねをよくしれば、後は、棟梁となる物也。

大工のたしなみ、よくきるゝ道具を持《もち》、透々《ひまひま》にとぐ事肝要也。其道具をとつて、みづし《御厨子》・書棚・机卓《つくえ》、又はあんどん・まないた・鍋のふた迄も達者にする所、大工の専《せん》也。士卒たるもの、このごとく也。能々吟味有べし。

——士卒（兵士）たる者は、平《ひら》大工のような者である。平大工は、自分で道具を研いで、いろいろの補助道具を作り、それらを道具箱に入れて持っており、棟梁の指示を受けて、柱や梁《はり》を手斧で削り、床・棚もかんなで削り、透かし彫り・彫り物もして、設計通りに、隅々まで、馬を通す渡し廊下までも上手く仕上げるのが、大工のすべきことである。大工の技を手でよく覚え、建て方をよく知るならば、後には棟梁となるものである。

大工の心得として、よく切れる道具を持ち、時間があれば道具を研《と》ぐことが大事である。その道具を使って、厨子・書棚・机卓《つくえ》・行燈《あんどん》・まな板・なべの蓋までも器用に作れるのが、大工として大事なことである。士卒たる者も、このようなものである。よくよく吟味すべきである。

解説 2

地の巻前半では、兵法の道とは、通常思われているような剣術の道ではなく、武家の法全般に関わるものであると強調している。改めて士農工商という社会全体の中で考えれば、武士は戦う者である自覚を持ち、実戦で役に立つように鍛練しなければならないと言う。武士といっても、大将と士卒ではあり様が異なるので、大工の棟梁と平大工に譬えて説明する。大建築時代の当時、町割りにも関わったという武蔵にとって大工は親しい存在だったのだろうが、実力が如実に表れ、鍛練が必要な点でも譬えとして都合がよかったのだろう。平大工は、絶えず諸道具を研いで、何でも巧みに作れるように技を磨かなければならない。士卒も同様に武具を手入れし、武術を鍛練しなければならない。大将は、個々の士卒の実力を見分け、適材適所に配し、合戦となれば戦い、平時には国を治めなければならない。武蔵のリーダー論であるが、この書を若い藩主や家老なども読むことを念頭に書いたのであろう。大工も実力が上がれば、後には棟梁にもなると言うのは、徳川の世となった今は直接言うことは憚《はばか》られるが、武士は実力を磨いて武功をあげれば一国一城の主にもなれるという、戦国武士の心意気を示していると言える。

〔五巻の構成――各巻の概要〕　此兵法の書五巻に仕立《したつ》る事

五つの道をわかち、一まき〳〵《ひとまき》にして其利をしらしめんが為に、地《ち》・水《すい》・火《か》・風《ふう》・空《くう》として五巻に書顕《かきあらわ》すなり。

地《ち》の巻におゐては、兵法の大体、我一流の見立《みたて》、剣術一通《ひととおり》にしては、まことの道を得がたし。大きなる所よりちいさき所を知り、浅きより深きに至る。直《すぐ》なる道の地形《じぎょう》を引ならすによつて、初《はじめ》を地の巻と名付也《なづくなり》。

第二、水《すい》の巻。水《みず》を本として心を水になす也。水は方円のうつわものに随《したが》ひ、一てき《滴》と也、さうかい《蒼海》となる。水に碧潭《へきたん》の色あり。きよき所をもちひて一流のことを、此巻に書顕す也。剣術一通の利、さだかに見分け、一人の敵に自由に

勝時は、世界の人に皆勝所也。人に勝と云心は、千万の敵にも同意也。将たるものの兵法、ちいさきを大きになす事、尺のかたをもつて大仏をたつるに同じ。（略）一流の事、此《この》水の巻に書しるす也。

第三、火《か》の巻。此巻に戦ひの事を書記《かきしるす》也。火《ひ》は大小となり、けやけき心なるによつて、合戦の事を書也。合戦の道、一人と一人との戦ひも、万と万とのたゝかいも同じ道なり。心を大きなる事になし、心をちいさくなして、よく吟味して見るべし。（略）此火の巻の事、はやき間《ま》の事なるによつて、日々に手《て》馴《なれ》、常のごとくおもひ、心のかわらぬ所、兵法の肝要也。然るによつて、戦勝負の所を、火の巻に書顕也。

第四、風《ふう》の巻。（略）風と云におゐては、むかしの風、今の風、その家々の風などゝあれば、世間の兵法、其流々のしわざをさだかに書顕す、是《これ》風巻也。他の事をよく知らずしては、自《みずから》のわきまへ成がたし。（略）世間の兵法をしらしめんために、風の巻として、他流の事を書顕す也。

第五、空の巻。此巻空と書顕す事、空と云出《いい》すよりしては、何をか奥と云、何をか口といはん。道理を得ては道理をはなれ、兵法の道におのれと自由ありておのれと奇特《きどく》を得、時にあいては、ひやうし《拍子》を知り、おのづから打、おのづからあたる。是みな空の道也。おのれと実《まこと》の道に入る事を、空の巻にして、書とゞむるものなり。

――(この書は、)五つの道に分けて、一巻ごとにその理を知らせるために、地《ち》・水《すい》・火《か》・風《ふう》・空《くう》として五巻に書き表すことにする。

地の巻においては、兵法の大よそ、わが一流の見立てを述べる。剣術だけでは、真の道は理解できない。大きな所から小さな所を知り、浅い所から深い所へと至る。まず真っ直ぐで正しい道の地盤を固めるために、最初を地の巻と名付けるのである。

第二は水の巻である。水のあり様を大本として、心を水のようにするのである。水は器が四角ければ四角に、円《まる》ければ円になり、一滴にもなり、大海にもなる。水は青く澄んだ色である。その清いところを用いて、一流のことをこの巻に書き表すのである。剣術一通りの理をしっかりと見分け、一人の敵に自由に勝てれば、世の中の人にも皆勝てるだろう。人に勝つという心は、敵が千人であっても万人であっても同じである。大将たる者の兵法、小さな事を大きな事に適用するのは、小さな物差しを以って大仏を建てるのと同じである。わが一流の心得を、この水の巻に書き記す。

第三は火の巻である。この巻に戦い方を書き記す。火は大きくなり小さくなり、激しい心であるので、合戦のことを書く。合戦の道となれば、一人と一人の戦いも万人と万人の戦いも同じことである。心に大きなことを考え、小さなことも考え、よく吟味してみるべし。（略）この火の巻の事は、早き間の事であるから、日々手馴れて、いつものごとく思って心が変わらないことが、兵法の大事な点である。それゆえ、戦い勝負の所を、火の巻に書き表すのである。

第四は風の巻である。（略）風という場合、昔の風、今の風、その家々の風などという言い方があるので、世間の兵法、それぞれの流派のやり方を明確に書き表すのが風の巻である。他の事をよく知らなければ自分の事もよく分からない。（略）世間の兵法を知らしめるために、風の巻として、他流の事を書き表すのである。

第五は空の巻である。この巻を空と書き表すが、空と言い出すからには、何を奥と言い、何を入り口と言おうか。道理を会得すればもはや道理にとらわれず、兵法の道に自然と自由があって、いつの間にか不思議な力を得て、その時々に相応しい拍子を知り、意識しないでも自然に打てば、自然と当たる。是はみな空の道である。おのずと真実の道に入ることを、空の巻として、書きとどめるものである。

解説 3

『五輪書』の全体構成をここで予め《あらかじ》示している。おそらく全巻を書き終わってから、もう一度書き直した最終段階で、全体の構成を示すことにより理解しやすくなるように書き加えたものと思われる。近世までの論では、このように予め明確に論旨を示すことは珍しく、ここにも武蔵の論理性がよく表れている。五巻に分けることによって、それぞれの別の論を展開して、五巻全体で確かな世界を開いているのである。

〔武士の心得べき事――(1)二刀とする理由〕此一流二刀と名付る事

二刀と云出す所、武士は将卒ともにぢきに二刀を腰に付る役也。（略）此二つの利をしらしめんために、二刀一流と云なり。（略）

一流の道、初心のものにおゐて、太刀・刀両手に持て、道を仕習ふ事、実《まこと》の所也。一命を捨《すつ》る時は、道具を残さず役にたてたきもの也。道具を役にたてず腰に納めて死する事、本意に有べからず。

然れども、両手に物を持事、左右共に自由には叶《かない》がたし。太刀を片手にとりならはせんため也。鑓《やり》・長刀《なぎなた》、大道具は是非に及《およば》ず、刀・わき差におゐては、いずれも片手にて持《もつ》道具也。

太刀を両手にて持てあしき事、馬上にてあしゝ。かけ走時あしゝ、沼、ふけ《深田》、石原、さかしき《険》道、人ごみにあしゝ。左に弓・鑓を持、其外いづれの道具を持ても、みな片手にて太刀をつかふものなれば、両手にて太刀をかまゆる事、実の道にあらず。若《もし》片手にて打ころしがたき時は、両手にても打ちとむべし。手

間の入る事にてもあるべからず。先《まず》、片手にて太刀をふりならはせん為に、二刀として、太刀を片手にて振覚る道也。（略）

太刀一つ持たるよりも、二つ持てよき所、大勢を一人してたゝかふ時《とき》、又と籠《こも》りものなどの時によき事有。箇様《かよう》の儀、今委敷《くわしく》書顕すに及ばず。一を以て万を知るべし。

——二刀と言い出すのは、武士は大将も士卒もともに腰に二刀を帯びるのが役目だからである。（略）この二刀を持つ利点を知らせるために、二刀一流と言うのである。（略）

わが流の道では、初心の者は、両手に太刀と短刀を持って稽古することが正しいやり方である。命を捨てる時には、使える武具を残さず役に立てたいものである。せっかくの武具を役に立てずに腰に着けたまま死ぬのは不本意である。

そうは言っても、両手に物を持てば、左右ともに自由に使うのは難しい。（二刀とするのは）太刀を片手で使うのに慣れるためである。鑓《やり》・長刀《なぎなた》などの大きな武具は両手で持つのは言うまでもないが、刀や脇差などは、いずれも片手で持つ武具である。

太刀を両手で持つと都合が悪いのは、馬上、かけ走る時、沼や深田、石原、険しい道、人混みなどの場合である。左手に弓や鑓を持ち、その他いかなる武具を持った場合にも、みな片手で太刀を遣うのであるから、両手で太刀を構えるのは正しいやり方ではない。もし片手で打ち殺しにくい時には、両手で持って打ちとめればよい。手間の要ることではなかろう。まず片手で太刀を振るのに慣れさせるために、二刀を持って太刀を片手で振るのを覚えさせるのである。

（略）

太刀を一本持つよりも、二本持つのがよいのは、大勢に対して一人で戦う時であり、また取り籠《こも》った者との戦いの時などである。このような事は、ここで一々書き表すまでもない。一を以って万を知るべきである。

〔武士の心得べき事――⑵兵法の狭義と広義〕兵法二つの字の利を知る事

此道におゐて、太刀を振得《ふりえ》たるものを、兵法者と世に云伝《いいつたえ》たり。武芸の道に至て、弓を能《よく》射れば射手《いて》と云、鉄炮《てっぽう》を得たるものは鉄炮うちと云。鑓《やり》をつかひ

得ては鑓つかひと云、長刀《なぎなた》をおぼえては長刀つかひといふ。然《しかる》においては太刀の道を覚へたる者を太刀つかひ、脇差つかひといはん事也。弓・鉄炮・鑓・長刀、皆是武家の道具なれば、いづれも兵法の道也。然《しかれ》ども、太刀よりして兵法と云事、道理也。太刀の徳よりして、世を治《おさめ》、身をおさむる事なれば、太刀は兵法のおこる所也。太刀の徳を得ては、一人して十人に勝事也。一人にして十人に勝なれば、百人して千人にかち、千人にして万人に勝。然によってわが一流の兵法に、一人も万人もおなじ事にして、武士の法を残らず兵法と云所也。

道におゐて、儒者、仏者、数寄者《すきしや》、しつけ者、乱舞者《らんぶしや》、是等《これら》の事は、武士の道にはなし。其道にあらざるといふとも、道を広くしれば、物毎《ものごと》に出あふ事也。いづれも人間におゐて、我道《わがみち》〳〵をよくみがく事、肝要也。

――この道において、太刀を自在に振れる者を世に兵法者と言い伝えている。武芸の道では、弓を上手く射れば射手と言い、鉄砲を使う者は鉄砲撃《う》ち、鑓を遣える者は鑓遣い、長刀を覚えた者は長刀遣いと言う。しかしながら、太刀を遣える者を、太刀遣い、脇差遣いなどとは言わないものである。弓・鉄砲・鑓・長刀は、すべて武士が使う武具であるから、いずれも兵法の道である。

しかしながら太刀だけを兵法と言うのは道理がある。太刀の徳によって、世を治め、武士の身を修めるのであるから、太刀は兵法の興《おこ》るところである。太刀の徳を会得すれば、一人でも十人に勝つことが出来る。一人で十人に勝てるなら、百人で千人に勝ち、千人で万人に勝つであろう。それゆえ、わが一流の兵法では、一人に勝つのも万人に勝つのも同じ事であり、武士の法を残らず兵法と言うのである。

道において、儒者、仏教者、茶の湯者、礼法家、能の舞人など、これらの行うことは武士の道にはない。（しかしながら）その道でなくても、道を広く知れば、物事に通じるところがある。すべての人間において、それぞれ自分の道をよく磨くことが大事である。

〔武士の心得べき事――⑶各武具の利〕兵法に武具の利を知《しる》と云事

武《いくさ》道具の利をわきまゆるに、いづれの道具にても、おりにふれ、時にしたがひ出合《いであう》もの也。

脇差は、座のせばき所、敵の身ぎはへよりて其利おほし。

太刀は、いづれの所にても、大形出合《いであい》、利あり。

長刀《なぎなた》は、戦場にては鑓《やり》におとる心あり。鑓は先手なり。長刀は後手也。同じ位のまなびにしては鑓は少《すこ》し強し。鑓・長刀も事により、つまりたる所にては其利すくなし。取籠《とりこも》り者などにもしかるべからず。只戦場の道具なるべし。合戦の場にしては肝要の道具也。（略）

弓は、合戦の場にて、かけひきにも出合、鑓わき、其外、物きわ〳〵《際々》にてははやく取合するものなれば、野相《のあい》の合戦などに、とりわきよき物也。城ぜめなど、又敵相《てきあい》二十間《けん》もこえては、足らざる物也。（略）

城廓の内にしては鉄炮《てっぽう》にしく事なし。野合《のあい》などにても、合戦のはじまらぬうちには、其利多し。戦はじまりては不足なるべし。弓の一つの徳は、放つ矢人

の目に見えてよし。鉄炮の玉は、目に見えざる所足らざる也。（略）

馬の事、つよくこたへてくせなき事、肝要也。

惣而《そうじて》、武道具につけ、馬も大形《おおかた》にあり《歩》き、刀・脇差も大形にきれ、鑓・長刀も大かたにとをり、弓・鉄炮もつよく、そこねざるやうに有るべし。道具以下にも、かたわけてすく事あるべからず。あまりたる事はたらぬと同じ事也。人まねをせず共、我心に随ひ、武道具は手にあふやうにあるべし。将卒共に物にすき、物をきらふ事悪し。工夫肝要也。

――戦いに使う武具の利点を知っていれば、どんな武具でも、折にふれ時に従って役に立つものである。

脇差は、座の狭い所、敵の身際へ寄る時には大変役に立つ。

太刀は、どのような所でも、大体役に立つものである。

長刀は、戦場では鑓に劣るところがある。鑓は先手で、長刀は後手である。

同じ位の学びなら、鑓の方が少し強い。しかしながら、鑓・長刀も事情により、詰まった所ではあまり役には立たない。取り籠り者などにも同様に役に立たな

いだろう。これらは、ただ戦場で使う武具である。合戦の場では大事な武具である。（略）

弓は、合戦の場では、敵との駆け引きにも使え、鑓隊の傍ら、その他各隊の傍らで素早く使えるものであるから、平地での合戦などに特によい物である。しかし城攻めなどや、敵との間が二十間（約三十六メートル）を越える場合には足りないものである。（略）

城郭の内にいる時には鉄砲が一番である。野戦でも合戦の始まらない時には、その利は多いが、戦いが始まってしまうと、不足となるだろう。弓の一つの利点は、放つ矢が人の目に見えてよいことだ。鉄砲の弾は、目に見えないのが足らない点である。（略）

馬については、手綱に敏感に反応し、癖のないことが大事である。

総じて、武道具《いくさ》についても、馬も大体歩き、刀・脇差も大体切れ、鑓・長刀も大体突き通り、弓・鉄砲も強く、壊れないようにあるべきである。諸武具にも、特別な好みがあってはならない。余りたるは、足らぬのとおなじである。（武道具は、）人まねをせず、自分の心に叶い、自分の手に合うようにすべきである。大将・士卒ともに、特定の物に好き嫌いがあることは悪いことである。

工夫が大事である。

〔武士の心得べき事――⑷兵法の拍子〕兵法の拍子の事

物毎《ものごと》に付、拍子は有物《あるもの》なれども、とりわき兵法の拍子、鍛練なくては及《およ》びがたき所也。（略）兵法の拍子におゐて様々有事也。先《まず》、あふ拍子をしつて、ちがふ拍子をわきまへ、大小遅速の拍子の中にも、あたる拍子をしり、間の拍子をしり、背《そむ》く拍子をしる事兵法の専《せん》也。此《この》そむく拍子わきまへ得ずしては、兵法たしかならざる事也。兵法の戦に其敵《そのてき》〳〵《そのてき》の拍子をしり、敵のおもひよらざる拍子をもつて、空の拍子を、智恵の拍子より発して勝所也。

――物ごとに、それぞれの拍子はあるが、特に兵法の拍子は鍛練しなくては摑《つか》めないものである。（略）兵法の拍子においては、さまざまなことがある。まず、敵と合う拍子を知って、異なる拍子を弁え、大小遅速の拍子の中にも、当たる拍子を知って、間の拍子を知り、敵の逆を取る拍子を知ることが兵法では大事である。この敵の逆を取る拍子を弁《わきま》えなければ、兵法は確かなものにならない。兵法の戦いにおいて、それぞれの敵の拍子を知り、敵が思いもよらない拍子によって、空の拍子を知恵を働かせて見出して勝つのである。

〔地の巻　結び――(1)「道をおこなう法」〕

右、一流の兵法の道、朝な〱《あさな》夕な〱《ゆうな》勤《つとめ》おこなふによつて、おのづから広き心になつて、多分・一分の兵法として、世に伝ふる所、初而《て》書顕す事、地・水・火・風・空、是五巻也。

我《わが》兵法を学ばんと思ふ人は、道をおこなふ法あり。

第一に、よこしまなき事を思ふ所、
第二に、道の鍛練する所、
第三に、諸芸にさはる所、
第四に、諸職《しき》の道を知る事、
第五に、物毎の損徳《そんとく》をわきまゆる事、

第六に、諸事目利《めきゝ》を仕覚《しおぼゆ》る事、
第七に、目に見えぬ所をさとってしる事、
第八に、わづかなる事にも気を付る事、
第九に、役にたゝぬ事をせざる事、
大形《おおかた》如此《かくのごとく》理を心にかけて、兵法の道、鍛練すべき也。

――右、わが一流の兵法の道、朝に夕に繰り返しひたすら勤め行うことによって、自然と広い心になって、大勢の兵法にも一人の兵法にも通じる兵法の道として、世に伝える所を、初めて書き表すのが、地・水・火・風・空、この五巻である。

わが兵法を学ぼうとする者は、道を行う法がある。
第一に、邪《よこしま》ではないことを思う所、
第二に、道を鍛練する所、
第三に、広く諸芸にも触れる所、
第四に、諸々の職業の道を知ること、

第五に、物ごとの損得を弁えること、
第六に、諸事の真価を見抜くこと、
第七に、目に見えないところを覚《さと》って知ること、
第八に、わずかな事にも気をつけること、
第九に、役に立たないことをしないこと、
およそ、このような理を心に掛けて、兵法の道を鍛練すべきである。

〔地の巻　結び――(2)兵法の道を学ぶ心意気〕

此道に限て、直《すぐ》なる所を広く見たてざれば、兵法の達者とは成がたし。此法を学び得ては、一身にして二十、三十の敵にもまくべき道にあらず。先づ、気に兵法をたえさず、直なる道を勤《つとめ》ては、手にて打勝、目に見る事も人にかち、又鍛練をもつて惣体《そうたい》自由なれば、身にても人にかち、又此道に馴《なれ》たる心なれば、心をもつても人に勝《かつ》。此所に至ては、いかにとして、人にまくる道あらんや。又大きなる兵法にしては、善人《よきひと》を持事にかち、人数《にんじゅ》をつかふ事に勝ち、身を

たゞしくおこなふ道にかち、国を治る事にかち、民をやしなふ事にかち、世の例法をおこなひかち、いづれの道におゐても、人にまけざる所をしりて、身をたすけ、名をたすくる所、是兵法の道也。

――この道に限って、根本となる所を広く見立てなくては、兵法の達者となることは難しい。この法を学ぶことが出来れば、一人でも二十、三十の敵にも負けることがない。まず心に兵法を絶やさず、正しい道を勤めていけば、手で打ち勝ち、目に見ることでも人に勝ち、また鍛練によって全身が自由なので、身でも人に勝ち、又この道に慣れ親しんだ心であるから、心でも人に勝つ。ここに至っては、どうして人に負ける道があろうか。

また（大将の）大なる兵法においては、優れた人材を持つことに勝ち、配下の大勢を使うことに勝ち、身を正しく行う道に勝ち、国を治めることに勝ち、民を養うことに勝ち、世のしきたりを行うことに勝ち、いずれの道においても人に負けないところを知って、身を立て、名を上げるというのが、兵法の道である。

解説 4

地の巻後半で、まず自身の二刀流が正統であることを主張する。武士は二刀を差しているので、戦う時には使える武器は何でも使えるようにと考え、実戦のさまざまな場面を想定して、太刀を片手で遣うことに慣れるためだと言う。また各武具の利を述べ、合戦での武具の使い方を示す。そして兵法では敵の拍子を見抜いて背く拍子を工夫するとする。いずれも武蔵の合理的な考え方がよく示されている。

地の巻の結びは、兵法の道を学ぶ上での心掛けを九箇条にまとめて掲げている。武蔵自身の鍛練の仕方を踏まえて、本質的な事柄を端的に示している。これは兵法だけではなく、あらゆる道の追求に通じる普遍的な心得であろう。

最後に兵法を鍛練する心意気を書いているが、剣術で人に打ち勝つだけでなく、見ることでも、身でも、心でも人に勝ち、総じて人間として誰にも負けない優れた人間となる。大将となっては、優れた人材を集めることに勝ち、人を使い、国を治め、民を養うことに勝つと、全て勝つという表現で一貫している。実力によって身を立て、名を上げるという伝統的な武士の意識の核にあったものを明確に自覚して打ち出しているのである。

水の巻

水の巻の構成

水の巻は、「兵法の道」の核となる剣の術理を論じる。三十六箇条から成るが、まず五箇条で術の基礎を論じ、次の八箇条で太刀遣いの理を示し、以下二十三箇条で敵と打ち合う実戦的な心得を、まとめて書いている。『兵法三十五箇条』までの剣術論を整理し、体系化しているのである。

本書では後半の二十三箇条は、二、三箇条ずつ七つにまとめて掲載する。まとめた箇条は表題の下に原文の箇条名を列挙し、原文・現代語訳には①〜③の番号を付けた。特殊な打ち方が書かれた四箇条（「流水の打」、「ねばりをかくる」、「かつとつ」、「はりうけ」）と、口伝としてほとんど内容が書かれていない三箇条（「打あいの利」、「一つの打」、「直通のくらい」）は省略した。

〔はじめに――読み方の注意〕

兵法二天一流の心、水《すい》を本として、利方《りかた》の法をおこなふによつて、水の巻として、一流の太刀筋、此書《このしょ》に書顕《かきあらわ》すもの也。

此道いづれもこまやかに、心の儘《まま》には、かきわけがたし。縦《たとえ》、ことばはつゞかざるといふとも、利はおのづからきこゆべし。此書にかきつけたる所、一こと〳〵《ひとこと》、一字〳〵《いちじ》にて思案すべし。大形《おおかた》におもひては、道のちがふ事多かるべし。（略）此道にかぎつて少なり共、道を見ちがへ、道のまよひありては、悪道に落つるもの也。

此書付ばかりを見て、兵法の道には及事にあらず。此書にかき付たるを、我身にとつて書付を、見るとおもはず、ならふとおもはず、にせ物にせずして、則《すなわち》我心より見出したる利にして、常に其身になつて、能々《よくよく》工夫すべし。

――兵法二天一流の心は、水を本として、道理にかなった法を展開するので、水の巻として、わが一流の太刀の遣い方を、この書に書き表すものである。

この道はいずれも細やかに、思うままに書き分けるのは難しい。たとえ言葉は続かなくても、(よく考えれば言おうとする)理は自然と分かるだろう。この書に書きつけたところを、一言一言、一字一字よく考えるべきである。およそいい加減に思っては、(兵法の)道を思い違うことが多いであろう。(略)この道に限っては少しでも、道を見違え、道に迷いがあるようでは、悪い道へ落ちるものである。

この書付だけを見て、兵法の道が分かるはずがない。この書に書きつけた事柄を、自分のために書きつけられたものだと思って、見ると思わず、習うと思わず、真似るのでもなく、自分の心から見出した理法だと思って、常にその身になって、よくよく工夫すべきである。

〔技の基礎――(1)兵法心持〕兵法心持の事

兵法の道におゐて、心の持やうは、常の心に替《かわ》る事なかれ。常にも兵法の時にも、少しもかはらずして、心を広く、直《すぐ》にして、きつくひつぱらず、少もた

るまず、心のかたよらぬやうに、心をまん中におきて、心を静にゆるがせて、其ゆるぎのせつなもゆるぎやまぬやうに、能々《よくよく》吟味すべし。

静なる時も心は静かならず。何とはやき時も心は少もはやからず。心は体につれず、体は心につれず、心に用心して、身には用心をせず、心のたらぬ事なくして、心を少もあまらせず、うへ《上》の心はよはくとも、そこの心をつよく、心を人に見わけられざるやうにして、小身なるものは心に大きなる事を残らずしり、大身なるものは、心にちいさき事を能《よく》しりて、大身も小身も、心を直にして、我身のひいきをせざるやうに心をもつ事、肝要也。

――兵法の道において、心の持ち方は、日常の心と変わらないようにせよ。日常でも、兵法の時でも、少しも変わらず、心を広く真っ直ぐにして強く引っ張らず、少しもたるむことなく、心が片寄らないように、心を真ん中に置いて、心を静かに揺るがせて、その揺るぎの刹那《せつな》も揺るぎやまないように、よくよく吟味すべきである。

静かにしている時でも心は静かでなく、いくら速く動いている時でも心は少しも早くはない。心は体につられず体は心につられず、心に気をつけて身には用心をしないで、心の足らないことなく心を少しも余らせず、上の心は弱くとも底の心を強くして、心を人に見分けられないようにして、身体が小さい者は心に大きなことを残らず知り、身体が大きな者は、心に小さなことをよく知って、身体が大きな者も小さな者も、心を素直にして、自分の身につられたひいきをしないように心を持つことが大事である。

心の内に濁らず、広くして、ひろき所へ智恵を置べき也。智恵も心も、ひたとみがく事、専《せん》也。智恵をとぎ、天下の利非《りひ》をわきまへ、物毎《ものごと》の善悪《よしあし》をしり、万《よろず》の芸能、其道《そのみち》〱をわたり、世間の人にすこしもだまされざるやうにして後、兵法の智恵となる心也。兵法の智恵におゐて、とりわきちがふ事有もの也。戦の場、万事せはしき時《とき》なりとも、兵法の道理をきわめ、うごきなき心、能々吟味すべし。

――心の内が濁らず、広くして、広いところへ知恵を置くべきである。知恵も心もひたすら磨いていくことが第一である。知恵を磨き、天下の道理と非理を弁《わきま》え、物ごとの善し悪しを知り、全ての芸能の、それぞれの道に広く通じ、世間の人に少しも騙《だま》されないようになって後、はじめて兵法の知恵となるということである。兵法の知恵においては、とりわけ違うことがあるものである。戦いの場では、万事忙しい時であっても、兵法の道理を極め、動かぬ心を、よくよく吟味すべきである。

〔技の基礎――⑵身なり〕兵法の身なりの事

身のかゝり、顔はうつむかず、かたむかず、ひずまず、目をみださず、ひたいにしわをよせず、まゆあい《眉間》にしわをよせて、目の玉うごかざるやうにして、またゝきをせぬやうにおもひて、目をすこしすくめるやうにして、うらやかに見ゆる。かを《顔》、鼻すぢ直《すぐ》にして、少おとがひを出す心なり。くび《首》は、うしろの筋を直に、うなじに力をいれて、肩より惣身《そうみ》はひとしく覚へ、両の肩をさげ、背すじをろくに尻を出さず、ひざより足先まで力を入て、腰のかゞまざるやうに、腹をはり、「くさびをしむる」といひて、脇差のさやに腹をもたせて、帯のくつろがざるように、「くさびをしむる」と云おしへあり。惣而《そうじて》兵法の身におゐて、常の身を兵法の身とし、兵法の身を常の身とする事、肝要也。能々吟味すべし。

――身の構えは、顔はうつむかず、傾かず、歪《ひず》まず、目を乱さず、額《ひたい》に皺《しわ》を寄せず、眉《まゆ》の間に皺を寄せて、目の玉を動かないようにして、瞬きをしないように思って、目を少しすくめるようにして、周りを広く見るようにする。顔は、鼻筋を真っ直ぐにして、少し顎《あご》を出す心持ちである。首は、後ろの筋を真っ直ぐにして、首筋に力を入れて、肩から全身は一体と思って、両肩を下げ、背筋を真っ直ぐに尻を出さず、膝から足先まで力を入れて。腰が屈《かが》まらないように、腹を張り、「楔《くさび》を締める」と言って、脇差の鞘《さや》に腹をもたせて帯が緩まぬように、「楔を締める」という教えがある。

総じて兵法の身構えにおいては、日常の身を兵法の身とし、兵法の身を日常の身とすることが大事である。よくよく吟味すべきである。

〔技の基礎――⑶目付〕兵法の目付と云事

目の付やうは、大きに広く付る目也。観見《かんけん》二つの事、観《かん》の目つよく、見《けん》の目よはく、遠き所を近く見、ちかき所を遠く見る事、兵法の専《せん》也。敵の太刀をしり、聊《いささかも》敵の太刀を見ずと云事、兵法の大事也。工夫有べし。（略）目の玉うごかずして、両わきを見る事、肝要也。かやうの事、いそがしき時、俄《にわか》にはわきまへがたし。此書付を覚へ、常住《じようじゆう》、此目付になりて、何事にも目付のかわらざる所、能々吟味あるべきもの也。

――目の付け方は、大きく広く付ける目である。「観《かん》・見《けん》」二つの目があり、「観の目」を強く、「見の目」を弱く、遠い所を近いように見、近い所を遠いように見るようにすることが兵法では必要不可欠である。敵の太刀の位置を知っているが、少しも敵の太刀を見ないことが、兵法では大事である。工夫すべきである。（略）目の玉を動かさないまま、両脇を見ることが大事である。このようなことは、（戦いの最中の）忙しい時に急には出来ない。この書付を覚えて、いつもいつもこの目付になって、何事にも目付が変わらないように、よくよく吟味すべきものである。

〔技の基礎――(4)太刀の持ち方〕 太刀の持やうの事

太刀のとりやうは、大指・ひとさし《人指》を浮《うく》る心にもち、たけ高指しめずゆるまず、くすしゆび《薬指》・小指をしむる心にして持也。手の内には、くつろぎのある事悪《あし》し。敵をきるものなりとおもひて、太刀をとるべし。

敵をきる時も、手の内にかわりなく、手のすくまざるやうに持べし。もし敵の太刀をはる事、うくる事、おさゆる事ありとも、大ゆび・ひとさしゆび《人差指》ばかりを、少替《すこしかわ》る心にして、とにも角にもきるとおもひて、太刀をとるべし。ためしものなどきる時の手の内も、兵法にしてきる時の手のうちも、人をきると云手の内にかわることなし。

惣而《そうじて》太刀にても手にても、いつく《居付》といふ事をきらふ。いつくは、し《死》ぬる手也。いつかざるは、い《生》きる手也。能々心得べきもの也。

——太刀の持ち方は、親指と人差し指を浮くように持ち、中指は締めず緩まず、薬指と小指を締めるようにして持つ。（太刀を持つ）手の内に、緩みがあるのはだめである。

敵を切る時も、手の内に変わりなく、手が固まらぬように持つべきである。もし敵の太刀を張ったり、受けたり、抑えるとしても、親指と人差し指だけが少し変わるだけであり、とにかく切ると思って太刀を取るべきである。試し切りの時の手の内も、兵法で切る時の手の内も、人を切るという手の内であることに変わることはない。

総じて太刀でも手でも、居付くということを嫌う。居付く手は、死んだ手である。居付かない手が、生きた手である。よくよく心得るべきものである。

〔技の基礎——⑸足遣い〕足づかひの事

足のはこびやうの事、つま先を少うけて、きびすをつよく踏《ふむ》べし。足づかひはことによりて、大小遅速はありとも、常にあゆむがごとし。足に、飛足《とびあし》、浮《うき》足《あし》、ふみすゆる足とて、是三つきらふ足也。此道の大事にいはく、「陰陽《いんよう》の足」

と云。是《これ》肝心也。「陰陽の足」とは、片足ばかりうごかさぬもの也。きる時《とき》、引く時、うくる時迄も、「陰陽」とて右ひだり〳〵《みぎひだり》と踏足《ふむ》也。返々《かえすがえす》、片足ふむ事、有べからず。能々吟味すべきもの也。

――足の運び方は、つま先を少し浮かせて、踵《かかと》をつよく踏むべきである。足遣いは、状況によって歩幅の大きい小さい、遅い速いはあるが、常に歩くがごとくにである。飛足《とびあし》、浮足《うきあし》、踏《ふ》み据《す》える足という三つは嫌う足遣いである。この道で大事と言われるのは、「陰陽《いんよう》の足」である。「陰陽の足」とは、片足だけを動かさないものである。切る時、引く時、受ける時までも、「陰陽」といって右左《みぎひだり》右左と踏む足である。かえすがえす片足で踏むことがあってはならない。よくよく吟味すべきものである。

解説5

水の巻の最初に技の基礎となる教えを五箇条並べている。心持ちから足遣いまで丁寧に説いている。この五箇条は、若い時の『兵道鏡』からほぼ同様のものを説いてきたが、『五輪書』の直前に書かれた『兵法三十五箇条』では、「頭より足のうら迄《まで》、ひとしく心をくばり、片つりなき様に仕立る事也」とまとめ、基準とするのは、即座にどのようにでも動き得る体勢となることで、「いつとなく、太刀も手も出合やすく、かたまらずして、切り能き様に、やすらかなる」「生きた」体勢であることを明示している。技の基礎をこれだけ明確に、詳しく論じた伝書はない。これらの教えは、今日の剣道にもこのまま通用する。ただ足遣いは、剣道は板張りの床でただ前に打ち込むだけなので、つま先を踏んで踵を少し浮かせるようにするので、全く逆になっている。武蔵の場合は、どのような場所においても、四方に敵がいても、対処できるように考えており、実戦的である。武蔵の場合、兵法といっても特別な心持や構え、足遣いをするのではなく、日常の姿勢や動き方を基礎として、隙《すき》なくいつでもどこでも自在に動き得るように日常生活から心掛けている。目の玉を動かさずに、左右両脇も視野に収めて、状況全体を捉えるように日常生活から訓練するようにする。こうして日常生活から徹底して鍛練するのである。

〔太刀遣いの理──(1)「五方の構」〕五方の構の事

五方《ごほう》のかまへは、上段、中段、下段、右のわきにかまゆる事、左のわきにかまゆる事、是五方也。

構五つにわかつといへども、皆《みな》人をきらん為也。構五つより外はなし。いづれのかまへなりとも、かまゆるとおもはず、きる事なりとおもふべし。構の大小はことにより利にしたがふべし。上・中・下は体《たい》の構也。両わきはゆふ《用》の構也。右ひだりの構、うへ《上》のつまりて、わき《脇》一方つまりたる所などにての構也。右ひだりは、所によりて分別あり。

此道の大事にいはく、構のきわまりは中段と心得べし。中段、構の本意也。兵法大きにして見よ。中段は大将の座也。大将につぎ、あと四段の構也。

――五方の構えは、上段、中段、下段、右脇、左脇に構える、この五方である。構えを五つに分けるといっても、みな人を切るためである。構えは五つより他はない。いずれの構えであっても、構えると思わず、切るためだと思うべきである。

構えを大きく取るか小さく取るかは、状況により、有利かによるべきである。

上・中・下段は基本の構えである。両脇の構えは応用した構えである。右左に構えるのは、上や脇一方が詰まった場所における構えである。右脇・左脇構えは、戦う場所によって判断する。

この道の大事として言われるのは、構えの極まりは中段と心得るべきことである。中段は、構えの大本である。兵法を大きく見れば、中段は大将の座である。大将に次いで、後の四段の構えがある。

〔太刀遣いの理――⑵「太刀の道」〕 太刀の道と云事

太刀の道を知と云は、常に我さす刀をゆび二つにてふる時《とき》も、道すじ能しりては、自由にふるもの也。太刀をはやく振んとするによつて、太刀の道さかひ《逆》てふりがたし。太刀はふりよき程に静にふる心也。或《あるいは》扇、或小刀などつかふやうに、はやくふらんとおもふによつて、太刀の道さかひ《逆》てふりがたし。それは小刀きざみといひて、太刀にては人のきれざるもの也。

太刀を打さげては、あげよき道へあげ、横にふりてはよこにもどりよき道へ

もどし、いかにも大きにひぢをのべて、強くふる事、是太刀の道也。我兵法の五つのおもてをつかひ覚れば、太刀の道定《さだま》りてふりよき所也。能々鍛練すべし。

——太刀の道を知るというのは、常に自分が差している太刀を（薬指と小指を締めて）指二本で振るとしても、太刀の道筋をよく知れば自由に振ることができるものである。太刀を速く振ろうとするから、太刀の道筋に逆らって振ることが難しいのである。太刀は振りやすいように静かに振ればよい。扇や小刀などを使うように速く振ろうと思うから、太刀の道に逆らって振れない。それは「小刀きざみ」といって、太刀の場合には人を切ることが出来ないものである。

太刀を打ち下げては上げやすい道筋へ上げ、横に振っては横に戻りやすい道筋で戻し、いかにも大きく肘を伸ばして、強く振るのが太刀の道である。

わが一流の「五つのおもて」の形を稽古して覚えれば、太刀の道が定まって振りやすくなるのである。よくよく鍛練すべきである。

〔太刀遣いの理――(3)「五つのおもて」〕五つのおもての次第、第一～第五

第一の構、中段。太刀のさきを敵の顔へ付て、敵に行相《ゆきあう》時、敵太刀打かくる時、右へ太刀をはづして乗り、又敵打かくる時、きつ《切》さき《先》がへ《返》しにて打、うちおとしたる太刀、其儘《そのまま》置、又敵の打かくる時、下より敵の手をはる、是第一也。

第二の太刀。上段に構、敵打かくる所、一度に敵を打也。うちはづしたる太刀、其儘おきて、又敵のうつ所を、下よりすくひ上てうつ。今一つ打も同じ事也。

第三の構。下段に持、ひつさげたる心にして、敵の打かくる所を、下より手をはる也。手をはる所を、亦《また》敵はる太刀を打おとさむとする所を、こす拍子にて、敵打たるあと、二のうでを横にきる心也。下段にて、敵の打所を一度に打とむる事也。

第四の構。左の脇に横にかまへて、敵の打かくる手を、下よりはるべし。下よりはるを、敵打おとさんとするを、手をはる心にて、其儘太刀の道をうけ、我肩のうへ《上》ゝすぢかひにきるべし。

第五の次第。太刀の構、我右の脇に横にかまへて、敵打かくる所のくらいをうけ、我太刀下のよこよりすぢかへて上段にふりあげ、うへ《上》より直《すぐ》にきるべし。

——第一の構えは、中段である。太刀先を敵の顔に付けて、敵に出会って敵が打ちかかってきた時、右へ外して自分の太刀が敵の太刀に乗るようにし、また敵が二度目に打ちかかってくる時に、切先を返して（上段から）打ち、打ち落とした太刀はそのまま下に置いたままで、三度敵が打ちかかる時に、下から敵の手を張るように打つ。これが第一の形《かた》である。

第二の形《かた》。上段に構え、敵が打ちかかってくるところを、一度に敵を打つ。（敵を）打ち外した太刀をそのまま置いて、また敵が打ってくるところを、下からすくい上げて打つ。敵がもう一度打ってきても、同じことである。

第三の構え。太刀を下段に持ち、引っ下げる心で、敵が打ちかかってくるところを、下から敵の手を張る。その手を張るのを、また敵が打ち落とそうとするところを、越す拍子で、敵が打ってきた後、敵の二の腕を横に切るのである。下段から、敵が打つところを一度に打ちとめることである。

第四の構え。太刀を左の脇に横に構えて、敵が打ちかかってきた手を、下から張るべし。下から張るのを、敵が打ち落とそうとするのを、手を張るつもりで、そのまま太刀の道に即して、自分の肩の上へ筋交いに切るべし。
第五のやり方。太刀を右の脇に構えて、敵が打ちかかってくるのを受けて、自分の太刀を下の横から太刀筋を変えて、上段に振り上げ、上から真っ直ぐに下に切るべし。

解説 6

『五輪書』では「五つのおもての次第」として、第一から第五まで分けて書かれているが、ここではその遣い方の叙述のみを取り出して、五本をまとめて示した。これは打太刀と仕太刀とで稽古する形《かた》である。中段・上段・下段・左脇・右脇の「五方の構え」からの五本の遣い方である。二刀を遣うので、右の太刀と左の刀の両方の叙述が必要であるが、『五輪書』は右の太刀の動きのみ説明している。詳しいやり方は流派で伝えられるので、相手の太刀を捌《さば》く左の刀の説明は省略したのであろう。二天一流には二刀の形《かた》として五本が、現在も二系統で伝えられている。二系統で遣い方は少し異なるが、第一はほぼ同じであり、『五輪書』の叙述ともほぼ一致している。『五輪書』ではやり方の説明を簡単にして、これらが「太刀の道」

一本目　中段

二本目　上段

三本目　下段

四本目　左脇構

五本目　右脇構

「五方の構え」
二天一流相伝の形

山東系二天一流師範の
米原亀生氏の演武

――を知るために稽古することを、五本のいずれでも強調している。その注意は、特に第一と第五に表れているので、次の条で紹介する。

〔太刀遣いの理――(4)形稽古の眼目〕（第一・第五の結び）

①惣別《そうべつ》、此五つのおもて書付るばかりにては、合点《がってん》成がたし。五つのおもてのぶんは、手にとつて、太刀の道稽古する処也。此五つの太刀筋にて、わが太刀の道をも知り、いかやうにも敵の打太刀しる所也。是二刀の太刀の構、五つより外にあらずとしらする所也。鍛練すべきなり。

②此おもてにてふりつけぬれば、おもき太刀自由にふらるゝ所也。此五つのおもてにおゐて、こまかに書付る事にあらず。我家の一通《ひととおり》太刀の道をしり、又大形拍子をも覚へ、敵の太刀を見わくる事、先、此五つにて、不断《ふだん》手をからす所也。敵とたゝかいのうちにも、此《この》太刀筋をからして、敵の心を受、色々の拍子にて、いかやうにも勝《かつ》所也。能々分別すべし。

――①総じてこの五つのおもては書付を見るだけでは理解しにくいであろう。五つのおもては、実際に手に取って、太刀の道を稽古するためのものである。この五つの太刀筋によって、わが一流の太刀の道を知り、どのようであれ敵が打ってくる太刀遣いを知れるのである。これは、二刀の太刀の構えの形が、五つより他にはないと知らしめるものである。鍛練するべきである。

②このおもての形《かた》を振り慣れれば、重い太刀も自由に振ることができる。この五つのおもてにおいては、こまかに書きつけることはないが、わが一流の太刀の道を知り、また大方拍子をも覚え、敵の太刀を見分けるために、まずこの五つのおもてで絶えず習熟するのである。敵と戦う内でも、この太刀筋を稽古して習熟して、敵の心を受け、いろいろの拍子で、どのようにしてでも勝つのである。よくよく分別すべきである。

〔太刀遣いの理――⑸形稽古の際の注意〕有構無構のおしへの事

太刀は敵の縁《えん》により、所により、けいき《景気》にしたがひ、いづれの方に置たりとも、其敵きりよきやうに持《もつ》心也。上段も、時に随《したが》ひ少《すこし》さがる心なれば中段となり、中段を、利により少あぐれば上段となる。下段も、おりにふれ少あぐれば中段となる。両脇の構も、くらいにより少中へ出せば中段・下段共《とも》なる心也。然《しかる》によって「構はありて構はなき」と云利也。(略)若し敵のきる太刀を、受る・はる・あたる・ねばる・さわるなど云事あれども、みな敵をきる縁なり、と心得べし。うくると思ひ、はると思ひ、あたるとおもひ、ねばるとおもひ、さわるとおもふによつて、きる事不足なるべし。何事もきる縁と思ふ事、肝要也。

――太刀は、敵の縁により、場により、状況に従い、どの方向に置いたとしても、その敵を切りやすいように持つのである。上段も時によって少し下がる心になれば中段となり、中段もその場の利によって、少し上げれば上段となる。下段も折にふれ少し上げれば中段となる。両脇の構えも、位により少し中へ出せば、中段・下段ともなるものである。そうであるから「構えはあるが、構えはない」という理なのである。(略)

もし敵の打ってくる太刀を、受ける・張る・当たる・ねばる・さわるなどいうことはあっても、いずれも敵を切るきっかけだと心得るべきである。受けると思い、張ると思い、当たると思い、ねばると思い、さわると思っているので、切ることが不足になるのである。何事も切る縁と思うことが大事である。

解説 7

太刀をいかに構え、どう遣うのか、剣術流派では、それを流派の秘伝の形で教えていた。形は基本的には二人一組で、打太刀が打ってくるのを、仕太刀はどう受け、どうかわして勝つのか、決められたやり方で稽古する。流派には流祖に由来する独特の形があり、さらに他流の形も組み込んで、何段階かに分けられていた。例えば新陰流では六段階三十五本の本伝の形とそれを変化させた二十七本の形があった。流派では、形の一本一本の遣い方が大事にされ、段階ごとに免許を取得しながら、流派の極意を会得することが目指されていた。流派が整備されるほど、流派で教えられる構えや太刀遣いの稽古は厳格なものとなり、流派を越えて通用する剣術理論は生まれにくかった。

その点では、武蔵は武者修行の中で他流を研究し、壮年期以降は他流の免許皆伝の者を改めて指導することが多かったから、流派を越えた実戦的で有効な技法を追求できた。『五輪書』水の巻は、こうした武蔵が生涯をかけた剣術論の集大成であった。流派の伝承の枠には全く捕らわれず、剣術術理を分析して、原理的なものを明確に示している。

まず太刀の構えは、上段、中段、下段、左脇、右脇の五方に集約される。後はそのバリエーションと捉えればよい。実戦では敵に応じてその都度最も切りやすいように構えなければならない。原理を摑むことで、実戦性も同時に明確になる。

次に、太刀遣いは、その都度の構えから最も振りやすく、敵を切ることが出来る太刀筋のことである。小刀や扇のように振り回すのではない。力任せに振るのも、速く振ろうとするのも駄目である。身と太刀が一体となった無理のない動きで、ちょうどよい速さで振る。どこにも居付かず、留まらず、つながった動きが求められる。打ち下ろしては戻りよい道筋で戻し、横に振っては戻りよい道筋で戻しというように、「太刀の道」に即すとは、太刀を振った時に自らの感覚を研ぎ澄ませながら振ることである。

「太刀の道」は、その都度の構えから最も振りやすく、敵を切ることが出来る太刀筋のことである。

この「太刀の道」に即して振る感覚を摑むために、「五つのおもて」の形を示すのである。構えは五方に集約されるゆえ、形は五本でよいとする。武蔵は、形の遣い方を詳しく述べず、これがあくまで「太刀の道」を捉えるためであることを強調している。しかも「有構無構」と言い、形の外形に捕らわれることがないように注意している。構えは、敵を最も切りやすいようにその都度構えるのであり、最初から構えというものがあるわけではない。しかも同じ条目で、構えのことだけでなく、太刀遣いにおいても、敵の太刀を受ける、張る、かわすなどの動きは、そのまま切る太刀遣いに連続して転じていかなければならないことも説いていた。

太刀遣いは、「太刀の道」に即して遣うことだと原理を示した。その「太刀の道」を捉えるために「五つのおもて」という稽古法を示した。そして形の外形に捕らわれずに実戦的に考えるように注意していたのである。実に見事に構成された論と言える。

日本の剣術流派は形稽古を中心に伝承されてきたが、形稽古の根本的な原理がこれだけ明瞭に理論化されたものはない。

太刀遣いの理を明確に認識した上で、敵と立ち合う実戦的な工夫を展開することが出来るのである。水の巻後半から、実戦的な戦いの理を論じることになる。

〔実戦的な心得――⑴敵に応じた打ち〕一拍子の打・二の越の打・無念無相の打

①敵を打《うつ》拍子に「一拍子」といひて、敵我あたるほどのくらいを得て、敵のわきまへぬうちを心に得て、我身もうごかさず心も付けず、いかにも早く直《すぐ》に打拍子也。

②我打《うち》ださんとする時、敵はやく引、はやくはりのくるやうなる時は、我打《うつ》とみせて、敵のはりてたるむ所を打、引てたるむ所を打。是「二のこしの打」也。

③敵も打ださんとし、我も打ださんと思ふ時、身も打身《うつみ》になり、心もうつ心になつて、手はいつとなく空より後ばやにつよく打事、是「無念無相《想》」とて一大事の打也。

――①敵を打つ拍子に「一拍子」と言って、敵と自分とが当たるほどの距離となり、敵が弁えない内を見抜いて、自分の身も動かさず心も付けずに、まことに早くそのまま打つ拍子である。これが「一拍子の打ち」である。
②自分が打ち出そうとする時、敵が早く引き、早く張って退こうとするような時には、自分が打つと見せて、敵が早く張ってたるむところを打ち、引いてたるむところを打つ。これが「二の越しの打ち」である。
③敵も打ち出そうとし、自分も打ち出そうと思う時、身体も打つ身になって、心も打つ心になって、手はいつとなく空から後ばやに強く打つこと、これが「無念無相」といって、大事な打ちである。

〔実戦的な心得——⑵さまざまな打ち〕　縁のあたり・石火《せっか》のあたり・紅葉《もみじ》の打ち
①我打出す時、敵打とめん、はりのけんとする時、我打一つにして、あたまをも打、手をも打、足をもうつ、太刀の道一つをもつて、いづれなりとも打所、是「縁の打」也。
②「石火のあたり」は、敵の太刀と我が太刀と、打合ほどにて、我太刀少もあげずして、いかにもつよく打也。是は、足もつよく、身もつよく、手もつよ

く、三所をもってはやく打べき也。

③「紅葉の打」、敵の太刀を打おとし、太刀取はなす心也。敵前に太刀を構、うたん、はらん、うけんと思ふ時、（略）敵の太刀を強く打、その儘あとをねばる心にて、きつ《切》さき《先》さが《下》りにうてば、敵の太刀、必おつるもの也。

——①自分から打ち出す時、敵が打ち止めよう、張り退けようとする時でも、自分の打ち一つで、敵の頭をも打ち、手をも打ち、足をも打つ。「太刀の道」一つで、どこなりとも打つというのが、「縁の打ち」である。

②「石火の当たり」は、敵の太刀と自分の太刀が打ち合いになった時に、自分の太刀を少しも上げずにいかにも強く打つ。これは、足も強く、身体も強く、手も強く、三つを以って早く打つべきである。

③「紅葉の打ち」というのは、敵の太刀を打ち落とし、太刀を取り放す心である。敵が前に太刀を構え、打とう、張ろう、受けようと思っている時、（略）敵の太刀を強く打って、そのまま後をねばる心で切先を下げて打てば、敵の太刀は必ず落ちるものである。

〔実戦的な心得——⑶打ち方の注意〕太刀にかはる身・打つとあたる

①「太刀にかはる身」と云事。（略）惣而《そうじて》敵を打身に、太刀も身も一度にはう《打》たざるもの也。敵の打縁《うつえん》により、身をばさきへ打つ身になり、太刀は身にかまはず打所也。若《もしく》は身はゆるがず、太刀にてうつ事はあれども、大形は身を先へ打、太刀をあとより打もの也。

②「打《うつ》」と云事、「あたる」と云事、二つ也。「打」と云心は、いづれの打にても、思ひうけて慥《たしか》に打也。「あたる」は、ゆきあたる程の心にて、何と強くあたり、忽《たちまち》敵の死るほどにても、是はあたる也。「打」と云は、心得て打所也。吟味すべし。敵の手にても足にても、「あたる」と云は、先、あたる也。あたりては後を、つよくうたんため也。

——①「太刀に替る身」と言うこと。（略）総じて敵を打つ身でも、太刀も身も一度には打たないものである。敵が打ってくるやり方によって、身を先に打つ身にして、太刀は身にはかまわずに打つ。もしくは身は動かさず、太刀で打つことはあるが、大方は身を先に動かして、太刀で後から打つものである。

②「打つ」と言うことと、「当たる」ということは別のことである。「打つ」と言う心は、どのような打ちでも、打とうと思ってしっかりと打つのである。対して「当たる」と言うのは、行き当たるほどの心であって、どれほど強く当たり、敵がすぐに死ぬほどであっても、これは「当たる」である。「打つ」と言うのは、打つ心を持って打つのである。吟味すべし。敵の手でも足でも、当たるというのは、先ず当たるのである。当たって後、強く打つためである。

〔実戦的な心得――(4)入り身〕しうこうの身・しつかう《漆膠》の身・たけくらべ

①敵へ入身《いりみ》に少も手を出す心なく、敵打《うつ》前、身をはやく入《いる》心也。手を出さんと思へば、必《かならず》身の遠のくものなるによつて、惣身《そうみ》をはやくうつり入心也。

②敵の身に入《いる》時、かしらをもつけ、身をもつけ、足をもつけ、つよくつく所也。人毎に顔・足は、はやくいれども、身のゝ《退》くもの也。敵の身へ我身をよくつけ、少も身のあい《間》のなきやうにつくもの也。

③いづれにても敵へ入込《いりこむ》時、我身のちゞまざるやうにして、あし《足》をものべ、こし《腰》をものべ、くび《首》をものべて、つよく入、敵のかほ《顔》と〱ならべ、身のたけ《丈》をくらぶるに、くらべ勝《かつ》と思ふ程《ほど》、たけ高くなつて強く入処、肝心也。

――①敵の懐《ふところ》に入り身するのに、手を出そうと少しも思わず、敵が打つ前に、わが身を素早く入れる心得である。手を出そうと思うと、必ず身が遠のくものであるから、全身を敵の懐へ早く移り入れる心である。

②敵の懐に入る時、頭も、身も、足も、敵に強く付けることである。人はみな、顔と足は早く敵に付けても、身は後ろに退くものである。敵の身にわが身をよく付け、身に少しも間があかないようによく付けるものである。

③どのような場合でも敵の懐へ入りこむ時、わが身が縮まないようにして、足をも伸ばし、腰をも伸ばし、首をも伸ばして、強く入り、敵の顔と自分の顔を並べ、身の丈を比べると比べ勝つと思えるほど、丈が高くなって強く入ることが大事である。

〔実戦的な心得――⑸敵への対処〕身のあたり・三つのうけ

①「身のあたり」は、敵のきは《際》へ入こみて、身にて敵にあたる心也。少、我顔をそばめ、我左の肩を出し、敵のむねにあたる也。あたる事、我身をいかほどもつよくなり、あたる事、いきあひ拍子にて、はづむ心に入べし。此入《このいる》事、入ならひ得ては、敵二間《けん》も三間もはげのくほど、つよきもの也。敵死入《しにいる》ほども、あたる也。

②「三つのうけ」と云ふは、敵へ入こむ時、敵打出す太刀をうくるに、我太刀にて敵の目をつくやうにして、敵の太刀を、我右のかた《方》へ引ながしてうくる事。亦、「つきうけ」といひて、敵打《うつ》太刀を、敵の右目をつくやうにして、くびをはさむ心につきかけてうくる所。又敵の打時、短き太刀にて入に、うくる太刀は、さのみかまはず、我左の手にて、敵のつら《面》をつくやうにして入こむ。是「三つのうけ」也。

——①「身の当たり」は、敵の際に入り込んで、身で敵に当たる心である。少し顔を横に向け、左の肩を出して、敵の胸に当たる。当たることは、わが身をどれほども強くして当たり、行き合う拍子で、弾む心で入るべし。この入り方に習熟すれば、敵が二間（3・6m）も三間（5・4m）も吹っ飛ばされるほど強いものである。敵が死ぬほどにも（強く）当たるのである。

②「三つの受け」と言うのは、（第一は）敵へ入りこむ時、敵が打ち出す太刀を受けるのに、わが太刀で敵の目を突くようにして、敵の太刀を自分の右の方へ引き流して受けること。また（第二は）「突き受け」と言って、敵が打つ太刀を、敵の右目を突くようにしながら、敵の首をはさむようにして、突きかけて受ける。また（第三は）敵が打つ時、（左の）短い太刀で敵の懐に入るが、受ける太刀にはそれほどかまわず、（短い太刀を持つ）わが左手で、敵の顔を突くようにして入り込む。これらが「三つの受け」である。

〔実戦的な心得――(6)突き方〕面を刺す・心を刺す

①「面《おもて》をさす」と云は、敵太刀《たち》相《あい》になりて、敵の太刀の間《ま》、我太刀の間に、敵のかほ《顔》を我太刀さきにてつく心に、常に思ふ所、肝心也。敵の顔をつく心あれば、敵の顔、身ものる《退》もの也。敵をのらするやうにしては、色々勝《かつ》所の利あ

り。

② 「心《むね》をさす」と云は、戦のうちに、うえつまり、わき《脇》つまりたる所などにて、きる事、いづれもなりがたき時、敵をつく事。敵のうつ太刀をはづす心は、我太刀のむね《棟》を直に敵に見せて、太刀さきゆがまざるやうに引とりて、敵のむね《心》をつく事也。若《もし》我くたびれたる時か、亦は刀のきれざる時などに、此儀、専《もつぱら》用ゆる心なり。

——① 「面を刺す」というのは、敵と打ち合う間合になって、敵の太刀の間、わが太刀の間に、敵の顔を太刀先で突くことで、このように常に心掛けることが大事である。敵の顔を突く心があれば、敵は顔や身が後ろにのけぞるものである。敵をのけぞらせるようにすれば、いろいろ勝つ利がある。

② 「心《むね》を刺す」というのは、戦う内に上が詰まり、脇が詰まった所などで、切ることがやりにくい時に、敵を突くことである。敵の打つ太刀を外すやり方は、わが太刀の棟を真っ直ぐに敵に見せて、太刀先が歪まないように引き取って、敵の胸を突くことである。もし自分が疲れた時か、または刀が切れなくな

った時など、このやり方をもっぱら用いるようにする。

〔実戦的な心得――⑺大勢との戦い方〕多敵のくらいの事

「多敵のくらい」と云は、一身にして大勢とたゝかふ時の事也。我刀・わきざしをぬきて、左右へひろく、太刀を横にすてゝかま《構》ゆる也。敵は四方よりかゝるとも、一方へおい《追》まわす心也。敵かゝるくらい、前後を見わけて、先へすゝむものに、はやくゆきあひ、大きに目をつけて、敵打出すくらいを得て、右の太刀も左の太刀も、一度にふりちがへて、行く太刀にて前の敵をきり、もどる太刀にてわきにすゝむ敵をきる心なり。（略）

いかにもして、敵をひとへにうを《魚》つな《繋》ぎに、おい《追》なす心にしかけて、敵のかさなると見へば、其儘《そのまま》間をすかさず、強くはらひこむべし。（略）敵の拍子をうけてくづるゝ所をしり、勝つ事也。

折々あい手を余多《あまた》よせ、おいこみつけて、其心を得れば、一人の敵も、十、

二十の敵も、心安き事也。能稽古して、吟味有べき也。

――「多敵の位」というのは、一人で大勢と戦う時のことである。自分は刀と脇差を抜いて、左右へ広く、太刀を横に捨てたように構える。敵が四方からかかってこようとも、一方へ追い回すようにする。敵がかかってきても、前後を見分けて、先に進んでくる者に早く行き合い、大きなところに目をつけて、敵が打ち出してくるところを知って、右の太刀も左の太刀も一度に振り違えて、行く太刀で前の敵を切り、戻る太刀で脇に進む敵を切るようにする。（略）

何とかして敵を一つながりの魚つなぎに追い込むように仕掛け、敵が重なったと見れば、そのまま間をあけず強く払い込むべきである。（略）敵の拍子をとらえて崩れたところを知って勝つのである。

時々に相手を大勢集めて追い込む稽古をして、その要領が分かれば、一人の敵も十人、二十人の敵も心安いことである。よくよく稽古して、吟味すべきである。

解説 8

水の巻の後半は、剣術での実戦のさまざまな場面での戦い方を書いている。敵の逆を取って打ち込む。打つ時にも身と太刀の動きを分け、大抵は身を先に打つ身になってから太刀が出るというのは、敵の打ち返しにも隙がないように繊細に動きを自覚しながら打っていたことを示している。打つのは意識してしかと打つのであって、たまたま当たるのとは区別している。様々な攻めがあり、当たることもあれば、入り身で敵の懐へ入ることもある。敵の太刀の受け方も様々あり、突き方も急所を狙っている。疲れた時や刀が切れない時のこと、さらに大勢の敵との戦い方も書いており、実戦的である。以上を見ても、武蔵は実戦の戦い方を分析して、さまざまな打ち方、攻め方を見事に整理し、かつ細かな点まで気をつけていたことが分かる。

ここでは剣術での具体的な戦い方を述べたが、次の火の巻では一人の剣術の戦い方を、千人・万人の合戦の場での戦い方に展開して論じることになる。

〔水の巻　結び〕

右、書付る所、一流の剣術、大形此《この》巻に記し置事也。

兵法、太刀を取て、人に勝所を覚ゆるは、先、五つのおもてを以て、五方の構をしり、太刀の道を覚えて、惣体《そうたい》自由《ヤハラカ》になり、心のきゝ出て、道の拍子をしり、おのれと太刀も手さへ《冴》て、身も足も心の儘《まま》にほどけたる時に随ひ、一人にかち、二人にかち、兵法の善悪《よしあし》をしる程になり、此一書の内を、一ヶ条〳〵と稽古して敵とたたかひ、次第〳〵に道の利を得て、不断《たえず》心に懸、いそぐ心なくして、折々手にふれては徳を覚え、いづれの人とも打合、其心をしつて、千里の道もひと足宛《ずつ》はこぶなり。

緩々《ゆるゆる》と思ひ、此法をこなふ事、武士のやく《役》なりと心得て、けふ《今日》はきのふ《昨日》の我にかち、あすは下手にかち、後は上手に勝とおもひ、此書物のごとくにして、少《すこし》もわきの道へ心のゆかざるやうに思ふべし。（略）千日の稽古を鍛とし、万日の稽古を練とす。能々吟味有べきもの也。

——右、書き付けた所、わが一流の剣術の心得、大方この巻に記し置くことである。

兵法でも、太刀を取って人に勝つところを覚えるのは、先ず「五つのおもて」で以って「五方の構え」を知り、「太刀の道」を覚えて、全身が自在に動けるようになり、動き方のこつも分かってきて、打つべき拍子を知り、自然と太刀も手も冴えて、身も足も心のままにほどけて自在に動けるようになってくるにしたがい、一人に勝ち、二人に勝ち、兵法の善し悪しを知るようになる。この書の一ヵ条一ヵ条を稽古して、敵と戦って、次第に勝てる利を会得して、絶えず鍛練を心掛け、急ぐ心なく、時々に実際に稽古しては徳を覚え、どのような人とも打ち合って、その心を知って、千里の道も一歩ずつ歩んでいくのである。ゆったりと考え、この兵法を鍛練することは、武士の役目だと心得て、今日は昨日の我に勝ち、明日は下手に勝ち、後は上手に勝つと思って、この書物のごとくに、少しも脇の道に心が行かないように思うべきである。（略）千日の稽古、万日の稽古を続けてこそ、鍛練と言えるのである。よくよく吟味あるべきものである。

解説 9

水の巻の結びは、もう一度太刀遣いの理の要点をまとめながら、日々稽古に努めるべきことを説いている。「今日は昨日の我に勝ち」、すなわち昨日より今日、今日より明日と、毎日少しでも上達していかなければならない。「明日は下手に勝ち、後は上手に勝つとおもひ」、最初は下手に勝つことから始まり、より上の相手に勝ち、さらに上の相手に勝って、次第に上手に勝てるようになるのである。そうした地道な鍛練を、千日、万日と続けていくことが「鍛練」ということである。武士たる限り、毎日少しでも上達をするように鍛練を生涯続けていくべきことを強調しているのである。

火の巻

火の巻の構成

火《か》の巻は、剣術の「一分の兵法」から、千人・万人の合戦の「大分の兵法」に通じる戦い方の理を書く。先にも述べたように、火の巻以降は、流派名もまだ「二刀一流」のままであり、書き方が必ずしも一貫しておらず、十分に仕上げられずに終わったのではないかと思われる。

火の巻は二十七箇条から成るが、書き方の違いから、ほぼ三つに分けられる。

最初の四箇条は、剣術だけに即して書かれており、武蔵の戦い方の根本的な捉え方を示す。第五条以下第二十条までは、各条で大分の兵法と一分の兵法の内容を並行的に論じており、火の巻の中心となる部分である。最後の七箇条は、大分の兵法・一分の兵法を特に分けることなく、戦いの心構えを書いている。

本書では、「口伝」とある最後の条を解説で触れた以外は、各条を一部略して載せた。ただ第五条以下の十六箇条を、内容的に六つにまとめた上で、まず「一分の兵法」の部分だけを、「剣術の戦い方」として掲げる（まとめた表題の下に原文の箇条名を記し、①〜④の番号を付ける）。「大分の兵法」の部分は、「合戦の戦い方」として同じまとめ方で掲げるが、合戦ならではの特徴が表れているものだけに絞った（省略した箇条名を（ ）で示した）。

〔はじめに〕

二刀一流の兵法、戦の事を、火におもひとつて、戦《たたかい》勝負《しょうぶ》の事を火の巻として、此巻に書顕《かきあらわ》す也。（略）

我兵法におゐて、数度の勝負に一命をかけて打合、生死《しょうじ》二つの利をわけ、刀の道をおぼえ、敵の打《うつ》太刀の強弱をしり、刀のはむねの道をわきまへ、敵を打果す所の鍛練を得るに、ちいさき事、よは《弱》き事、思ひよらざる所也。殊《ことに》、六具《ろくぐ》かためてなどの利に、ちいさき事思ひ出ることにあらず。されば命をばかりの

打あいにおゐて、一人して五人十人ともたゝかい、其勝道《かつみち》を慥《たしか》に知る事、わが道の兵法也。然《しかる》によつて、一人して十人にかち、千人をもつて万人に勝道理《かつどうり》、何の差別あらんや。能々《よくよく》吟味有べし。さりながら、常々の稽古の時、千人万人を集、此道しならふ事、成事《なること》にあらず。独太刀《ひとりたち》とつても、其敵々の智略をはかり、敵の強弱・手だてをしり、兵法の智徳を以て、万人に勝所を極《きわめ》、此道の達者と成《なり》、我兵法の直道《じきどう》、世界におゐて誰か得ん。又いづれかきわめんと、慥《たしか》に思ひとつて、朝鍛夕練して、みがきおほせて後、独自由《ひとりじゆう》を得、おのづから奇特《きどく》を得、通力不思議有所《ある》、是、兵として法を行ふ息《いき》也。

——二刀一流の兵法、戦いの事を火のごとく思い取って、戦い・勝負の事を火の巻として、この巻に書き表す。（略）

わが兵法において、数度の勝負に一命を懸けて打ち合い、生きるか死ぬかを賭けて、刀の道を覚え、敵が打つ太刀の強弱を知り、刀の遣い方を弁《わきま》えて、敵を打ち果たすべく鍛練をするのに、小さい事や弱い事など思いも寄らないところである。特に甲冑《かっちゅう》一式を身に着けての戦いの利に、小さい事を考えることはない。さらに命を懸けた打ち合いにおいて、一人で五人、十人とも戦い、それに勝つ道を確実に知ることが、わが道の兵法である。

そうであるから、一人で十人に勝つのと、千人で以って万人に勝つ道理に、何の違いがあろうか。よくよく吟味あるべし。そうはいっても、普段の稽古の時に、千人万人を集めて鍛練することなどは不可能である。（それ故、）一人太刀を取っても、その都度の敵の知略をはかり、敵の強弱・策略を知って、兵法の知を働かせて、万人に勝つところを極めて、この道の達者となり、わが兵法の直ぐなる道は、世界において（自分以外に）誰が得ようか、またいずれの者が極めようかと、確かに思い取って、朝から夕まで鍛練を続け、磨き果《おお》せて後、一人自由を得て、自然と不思議な力を身に得、万事に通じる力があるようになる。これが兵として法を行う心意気である。

〔戦い方の根本――(1)「場の勝ち」〕場の次第の事

場のくらいを見わくる所、場におゐて日を負《お》ふと云事有。日をうしろになし

てかまゆる也。若《もし》、所により、日をうしろする事ならざる時は、右のわきへ日をなすやうにすべし。座敷にても、あかりをうしろ、右脇となす事、同前也。うしろの場つまらざるやうに、左の場をくつろげ、右のわきの場をつめてかまへたき事也。（略）敵をみおろす《見下》といひて、少も高き所にかまゆるやうに心得べし。座敷にては、上座を高き所とおもふべし。

扨《さて》、戦になりて、敵を追廻《おいまわ》す事、我左の方へ追まわす心、難所《なんじょ》を敵のうしろにさせ、いづれにても難所へ追掛《おいかく》る事肝要也。難所にて、敵に場を見せずといひて、敵に顔をふらせず、油断なくせりつむる心也。座敷にても敷居《しきい》・鴨居《かもい》・戸《と》・障子《しょうじ》・縁《えん》など、亦《また》柱などの方へ追つむるにも、場を見せずと云事、同前也。いづれも敵を追懸る方、足場のわるき所、亦は脇にかまいの有所、いづれも場の徳を用て、場のかちを得ると云心専《せん》にして、能々吟味し、鍛練有るべきもの也。

——戦いの場を見分けるところ、場において「日を負う」と言うことがある。

すなわち太陽を背にして構えるのである。もし場所により、太陽を背にすることが出来ない時には、右の脇へ太陽を負うようにすべし。座敷においても、灯りを後ろ、あるいは右脇とすることは同じことである。後ろの場が詰まらないように、左の場を寛げて、右の脇の場を詰めて構えたいものである。(略)敵を見下ろすと言って、少しでも高い所に構えるように心得るべし。座敷では、上座を高い所と思うべし。

さて、戦いになって、敵を追い回すには、自分の左の方へ追い回すようにし、動きにくい場所を敵の後ろにさせ、いずれにしても難所へ追い込むことが大事である。難所では敵に場を見せないというように、敵に顔を振らせず、油断なく競りつめる心である。座敷でも敷居・鴨居・戸・障子・縁など、また柱などの方へ追い詰めるのも、場を見せずということでは、同前である。いずれも敵を追い掛ける方は、足場の悪い所、または脇に障害物がある所であり、いずれも場の特色を利用して、場の勝ちを得るという心を専らにして、よくよく吟味し、鍛練あるべきものである。

〔戦い方の根本――(2)「三つの先」〕三つの先と云事

「三つの先《せん》」、一つは、我方より敵へかゝる先、「けんの先《懸》」と云也。亦《また》一つは、敵より我方へかゝる時の先、是《これ》は「たいの先《待》」と云也。又一つは我もかゝり、敵もかゝりあふ時の先、「体々《たいだい》の先」と云。是三つの先也。（略）

第一、懸《けん》の先。我かゝらんとおもふとき、静にして居《おり》、俄《にわか》にはやくかゝる先、うえをつよくはやくし、底を残す心の先、又我心をいかにもつよくして、足は常の足に少《すこし》はやく、敵のきわへよると、はやくもみ立つる先、亦《また》心をはなつて、初中後、同じ事に敵をひしぐ心にて、底迄《まで》つよき心に勝。是、いづれも「懸の先」也。

第二、待《たい》の先。敵我方へかゝりくる時、少もかまはず、よわきやうに見せて、敵ちかくなつて、づんとつよくはなれて、飛付やうに見せて、敵のたるみを見て、直《すぐ》につよく勝事、是一つの先。又敵かゝりくる時、我も猶《なお》つよくなつて出る時、敵のかゝる拍子のかはる間をうけ、其儘《そのまま》勝を得事《えること》、是、「待の先」の理也。

第三、体々《たいだい》の先。敵はやくかゝるには、我静につよくかゝり、敵近くなつて、づんと思ひきる身にして、敵のゆとりのみゆる時、直につよく勝。又敵静にかかる時、我身うきやかに、少はやくかゝりて、敵ちかくなりて、ひともみもみ、敵の色に随《したが》ひ、つよく勝つ事、是「体々の先」也。（略）

此三つの先、時にしたがひ、理に随ひ、いつにても、我方よりかゝる事にはあらざるものなれども、同じくは我方よりかかりて、敵をまはし度《たき》事也。いづれも先の事、兵法の智力を以て、必《かならず》勝事を得る心、能々鍛練あるべし。

――「三つの先」、一つは、自分の方から敵に懸《かか》っていく先で、「懸の先」という。また一つは、敵から自分の方へ懸る時の先で、これは「待の先」という。これまた一つは、自分も懸り、敵も懸り合う時の先で、「体々の先」という。これが「三つの先」である。（略）

第一、懸の先。自分が攻め懸ろうと思う時は、静かにしていて、一挙に早く懸る先、また上辺《うわべ》は強く早くしても、底を残している心の先、また自分の心をいかにも強くして、足はいつもの足より少し速く、敵の際に寄ると速く攻め立てる先、また心を放って、最初も中間も最後も同じように敵を押し潰す心で、底まで強い心で勝つ。これらは、いずれも「懸の先」である。

第二、待の先。敵が自分の方へ懸ってくる時、少しもかまわず、弱いように見せて、敵が近くなってから突然強く離れて、飛びつくように見せて、敵がたるむのをみて、そのまますぐに強く勝つこと、これが一つの先である。また敵が懸ってくる時、自分も一層強くなって出る時、敵が懸る拍子が変わる間を受けて、そのまま勝ちを得ること。これが「待の先」の理である。

第三、体々の先。敵がはやく懸るには、自分は静かに強く懸り、敵が近くになって突然思い切って攻める身になって、敵がまだゆっくり見える時、そのまま強く勝つ。また敵が静かに懸る時、自分は身を軽くして少しはやく懸り、敵が近くなってもみ合う内に敵の様子に随って強く勝つこと、これが「体々の先」である。（略）

この三つの先は、時に随い、理によって、いつでも自分から懸るわけではないが、同じことなら自分の方から攻め懸って、敵を動かしたいものである。いずれも先のことは、兵法の知力を以って、必ず勝つことを得る心でありよくよく鍛練あるべきである。

〔戦い方の根本――⑶「枕のおさえ」〕枕をおさゆると云事

「枕をおさゆる」と云は、我実《まこと》の道を得て、敵にかゝりあふ時、敵何ごとにてもおもふ気ざしを、敵のせぬうちに見知りて、敵のうつと云《いう》「うつ」の「う」の字のかしら《頭》をおさへて跡《あと》をさせざる心、是枕をおさゆる心也。たとへば敵のかゝると云「か」の字をおさへ、とぶと云「と」の字のかしらをおさへ、きると云「き」の字のかしらをおさゆる、みなもつておなじ心なり。

敵、我にわざをなす事につけて、役にたゝざる事をば敵にまかせ、役に立ほどの事をばおさへて、敵にさせぬようにする所、兵法の専《せん》也。是も敵のする事をおさゑん／＼《おさえん》とする心、後手《ごて》也。

先《まず》、我は何事にても道にまかせてわざ《技》をなすうちに、敵もわざをせんとおもふかしら《頭》をおさへて、何事も役にたゝせず、敵をこなす所、是兵法の達者、鍛

練の故也。枕をおさゆる事、能々吟味有べき也。

――「枕をおさえる」というのは、自分が正しい道を体得して、敵とかかり合う時、敵が何かをしようと思う兆しを、敵がしない内に見ぬいて、敵が打つという「う」の字の頭を抑えて、後をさせないこと、これが「枕を抑える」心である。たとえば敵のかかるという「か」の字を抑え、飛ぶという「と」の字の頭を抑え、切るという「き」の字の頭を抑えるというのも、皆同じことである。

敵が自分に技を仕掛けてきても、有効ではない技は敵がするのに任せ、有効と思われる技は抑えて、敵にさせないようにすることが、兵法で第一のことである。これも敵のする技を抑えよう、抑えようとする心では、後手である。先ず自分は何事においても道理に適《かな》った技をなしながら、敵が技を出そうとする頭を押さえて、何事も役に立たないようにして敵を思うままに扱うのが、兵法の達者であり、鍛練の賜物である。枕を抑えることを、よくよく吟味すべきである。

〔戦い方の根本――⑷「渡を越す」〕とをこすと云事

兵法、戦の内にも、とを《渡》こす事、肝要なり。敵の位を受、我身の達者《たつしや》を覚え、其理を以てとを《渡》こす事、よき船頭の海路《うみじ》を越と同じ。渡を越ては、亦《また》心安き所也。渡をこすと云事、敵によはみをつけ、我身も先《せん》になりて、大形《おおかた》はや勝所也。大小の兵法のうへにも、とをこすと云心、肝要なり。

――兵法、戦いの内にも、渡《と》（分岐点となる要所）を越すことが大事である。敵の位を見て、自分の技量を自覚して、その理によって、渡を越すことは、腕のよい船頭が海路を越えるのと同じである。渡を越えれば、また安心である。（戦いにおいて）「渡を越す」というのは、敵に弱みを付け、わが身も先になって、大方早くも勝つというところである。大分の兵法でも一分の兵法でも、「渡を越す」ということが大事である。

解説 10

火の巻は、最初の四箇条で戦い方の根本となる理を挙げている。最初は戦いの場所の特性を利用して、〈自分には有利に、敵には不利に〉心掛けることだが、これは戦い方の原則を示すものである。実際に戦う以前から有利に戦えるように工夫する、大勢と戦う時にも障害物を巧みに利用していたのである。

次いで戦いの主導権——先をどちらが取るかが問題である。自分から攻めるか、敵から攻めるか、同時に攻め合うかの三つの場合があるが、それぞれで敵の逆を取って主導権を取る。敵から打ち出す場合でも、敵に打たせて勝つ「後の先」であり、主導権は自分が取るのである。さらに次の「枕の抑え」では、敵が技を出す前に見抜いて技を出させないようにする。もし敵が打ってくれば、即座に反撃できる体勢をとれば、敵は打てば危ないことが察知されるので、技が出せなくなる。武蔵は後半生の勝負では相手に技を出させずに静かに追い詰めて勝ったといわれるが、そうした技をここで論じているのである。第四条の「渡を越す」は、比喩的な説明だが、どのような戦いでも転換点があり、そこをどう越すかが勝負を分けることを示している。

〔剣術の戦い方——⑴敵を知る〕けいきを知る・敵になる

①敵のながれをわきまへ、相手の人柄を見うけ、人のつよきよわき所を見つけ、敵の気色《けしき》にちがふ事をしかけ、敵のめりかり《滅甲》を知り、其間《そのま》の拍子をよくし

りて、先《せん》をしかくる所、肝要也。物毎の「景気」と云事は、我智力つよければ、必みゆる所也。兵法自由の身になりては、敵の心をよく斗《はかり》て、勝道《かつみち》多かるべき事也。

②「敵になる」といふは、我身を敵になり替て思ふべきと云心也。世中をみるに、ぬすみなどして家の内へ取籠《とりこもる》やうなるものを、敵をつよく思ひなすもの也。敵になりておもへば、世中の人を皆相手とし、にげこみてもせんかたなき心なり。取籠るものは雉子《きじ》也。打果しに入《いる》人は鷹《たか》也。能々《よくよく》工夫あるべし。(略)兵法よく心得て、道理つよく、其道達者なるものにあいては、必まくると思所也。

——①敵の流派を弁《わきま》えて、相手の人柄を見受け、相手の強い所・弱い所を見つけ、敵の予想とは違うことを仕掛けて、敵の調子の上下を知り、敵の間の拍子を知って、攻めを仕掛けることが大事である。物ごとの「景気」ということは、知力が強ければ必ず見えるものである。兵法が自在な身になれば、敵の心をよく読んで勝つ道が多いであろう。

②「敵になる」というのは、わが身を敵に成り代えて考えてみるべきことである。世の中を見ると、盗みなどをして家の中に立て籠もった時に、その敵を強いと思い込むことがある。けれども敵の身になって考えてみれば、世の中の人すべてを相手として逃げ込んで、どうしようもない心でいる。立て籠もった者は雉《きじ》であり、打ち果たしに入る者は鷹である。よくよく工夫すべし。（略）兵法をよく心得て道理にも強く道に達者な者に会えば、必ず負けると思うべきである。

〔剣術の戦い方――⑵敵の攻めの抑え方〕剣を踏む・陰を動かす・影をおさゆる

①敵の打出す太刀は、足にてふみ付る心にして、打出す所をかち、二度めを敵の打得ざるようにすべし。「踏」と云は、足には限るべからず。身にしてもふみ、心にても踏、勿論《もちろん》太刀にてもふみ付て、二のめを敵によくさせざるやうに心得べし。是即《すなわち》物毎の先《せん》の心也。

②「陰《かげ》をうごかす」と云は、敵の心の見えわかぬ時の事也。（略）敵うしろ

に太刀を構、わきにかまへたる時は、ふつとう《打》たんとすれば、敵思ふ心を太刀に顕す物也。

③「影をおさゆる」と云は、敵のかたより、しかくる心のみえたる時の事なり。（略）敵のおこるつよき気指《きざし》を、利の拍子を以てやめさせ、やみたる拍子に我勝《かつ》利をうけて、先をしかくるもの也。

——①敵の打ち出す太刀は、足で踏みつける思いで、打ち出すところを勝ち、二度目を敵が打てないようにすべし。「踏む」というのは、足だけに限らない、身でも踏み、心でも踏み、もちろん太刀でも踏みつけて、敵に二度目をさせないように心得るべきである。これが、物ごとの先の心である。

②「陰をうごかす」というのは、敵が何を狙っているのか分からない時のことである。（略）敵が太刀を後ろに構えたり、脇に構えたりした時、ふっと打つ気配を見せれば、敵は思っている心を太刀に表すものである。

③「影をおさえる」というのは、敵の方から仕掛ける心が見えた時のことである。（略）敵が技を出そうとする兆しを、有効な拍子で止めさせ、敵の止ん

だ拍子に自分が勝てる利を受けて、先を仕掛けるものである。

〔剣術の戦い方――⑶戦う心〕ひしぐ・三つの声

①「ひしぐ」と云は、縦《たとえ》ば、敵よはく見なして、我つよめになつて、ひしぐと云心、専也。（略）敵の拍子ちがひ、すさりめになる時、少もいきをくれず、目を見合ざるやうになし、真直にひしぎつくる事、肝要也。少もおきたてさせぬ所、第一也。

②「三つのこゑ」とは、初中後の声といひて、三つにかけ分る声也。（略）敵をうごかさん為、打と見せて、かしらより「ゑい」と声をかけ、声の跡より太刀を打出するもの也。又、敵を打てあとに声をかくる事、勝をしらする声也。是を先後《せんご》の声と云。太刀と一度に、大きに声をかくる事なし。若《もし》戦の内にかくるは、拍子にのるこゑ、ひきくかくる也。

――①「ひしぐ」というのは、たとえば敵を弱く見なして、自分は強めになって押し潰すという心が第一である。（略）敵の拍子が狂って、劣勢になった時に、少しも息する余裕も与えず、目を見合わさないようにして、真っ直ぐに押し潰してしまうことが大事である。敵に少しも立て直させないのが、第一である。

②「三つの声」とは「初・中・後の声」と言って、三つに掛け分ける声である。（略）敵を動かすために、打つと見せて、頭から「えい」と声をかけ、声の後から太刀を打ち出すものである。また敵を打った後から声をかけること、勝ちを報《しら》せる声である。これを「先後の声」という。太刀を打つのと同時に大きく声をかけることはない。もし戦いの中で声をかけるのなら、拍子に乗る声で低くかけるのである。

〔剣術の戦い方――(4)心理作戦〕移らかす・むかつかする・おびやかす・うろめかす

①「移らかす」と云は、物毎《ものごと》にあるもの也。或《あるい》はねむりなどもうつり、或はあくびなどもうつるもの也。（略）我身も心もゆるりとして、敵のたるみの間

をうけて、つよくはやく先にしかけて勝所、専也。

②「むかつかする」と云は、物毎にあり。一つには、きはどき心、二には、むりなる心。三には、思はざる心、能《よく》吟味あるべし。（略）初ゆるりと見せて、俄《にわか》につよくかゝり、敵の心のめりかり、働に随ひ、いきをぬかさず、其儘《そのまま》利を受て、かちをわきまゆる事、肝要也。

③おびゆると云事、物毎に有事也。思ひよらぬことにおびゆる心なり。（略）身を以ておびやかし、太刀を以ておびやかし、声を以ておびやかし、敵の心になき事をふとしかけて、おびゆる所の利を受て、其儘《そのまま》かちを得る事、肝要也。

④「うろめかす」と云は、敵に慥《たしか》なる心をもたせざるやうにする所也。（略）我時にあたりて色々のわざをしかけ、或は打つと見せ或はつくとみせ、又は入こむと思はせ、敵のうろめく気ざしを得て、自由に勝つ所、是たゝかいの専也。

――①「うつらかす」ということは、物ごとにあるものである。あるいは眠気なども人にうつり、あるいはあくびなども人にうつるものである。（略）自分が身体の動きも心もゆっくりと見せて、それがうつって敵がたるむところを、強く速く、先に攻めて勝つのが、第一である。

②「むかつかする」ということは、物ごとにはあるものである。一つには危ういと思う心、二つには無理と思う心、三つには思いもよらない心。よく吟味すべきである。（略）初めはゆっくり見せて、突然に強く懸って、敵の心が調子が狂うのに随って、息もつかず、そのまま利を受けて勝ちを取ることが大事である。

③怯《おび》えるということ、物ごとにあるものである。思いもよらないことに怯える心である。（略）身体の動きによって脅《おびや》かし、太刀によって脅かし、声によって脅かし、敵が思いもしないことをふと仕掛けて、（敵が）怯えるところを見て、そのまま勝ちを得ることが大事である。

④「うろめかす」というのは、敵に確かな心を持たせないようにすることである。（略）自分から時によっていろいろ技を仕掛け、あるいは打つと見せ、あるいは突くと見せ、また（懐に）入りこむと思わせて、敵がうろたえる兆候を見て取って自由に勝つことであり、戦いでは第一の事である。

〔剣術の戦い方――(5)膠着状態の打開法〕まぶる丶・かどにさわる・四手をはなす・まぎる丶

①「まぶる丶」と云は、敵我《てきわれ》手近くなつて、互に強くはりあひて、はかゆかざると見れば、其儘《そのまま》、敵とひとつにまぶれあいて、まぶれあいたる其うちに、利を以て勝事、肝要也。

②「角《かど》にさわる」と云は、物毎つよき物をおすに、其儘、直《すぐ》にはおしこみがたきもの也。(略)敵の躰《たい》のかどにいたみをつけ、其躰、少もよはくなり、くづる丶躰になりては、勝事やすきもの也。

③「四手《よつで》をはなす」とは、敵も我も同じ心に、はりやう《張合》心になつては、戦のはかゆかざるもの也。はりやう心になるとおもはば、其儘心をすてて、別の利にて勝事をしる也。

④「まぎる丶」と云事。(略)敵を大勢よするも、此心、専《せん》也。方々をかたず、方々にげば、亦つよき方へかゝり、敵の拍子を得て、よき拍子に左みぎと、

つゞらをりの心におもひて、敵の色を見合て、かゝるもの也。其敵の位を得、打とを通《とを》るにおゐては、少も引心なく、つよく勝つ利也。

――①「まぶれる」というのは、敵と自分が近づき、互いに強く張り合って、埒《らち》があかないと見れば、そのまま敵と一つに絡み合って、絡み合う中で、勝機を見出して勝つことであり、大事なことである。

②「角にさわる」というのは、何事でも強いものを押すのに、そのまますぐに押し込むことが難しい時の心得である。（略）敵の身体のどこかに疵を付けて、敵の体が少し弱くなり、崩れる体勢になれば、勝ちやすいものである。

③「四手（四つに組んだ手）を放す」というのは、敵も自分も同じ心で張り合っていて、戦いの決着がつかない時の心得である。張り合う心になったと思えば、その心を捨てて、別の利によって勝ちを知るのである。

④「まぎれる」という事。（略）敵を大勢寄せる時に、この心得が第一である。あちこちを勝つのでなく、あちこちへ逃げれば、また強い方に懸っていき、敵の拍子を摑《つか》んで、よい拍子で左右とつづら折りを心に思って、敵の気配を見て取って懸るものである。その敵の位を見て、打ち通すのであるから、少しも

引く心などなく、強く勝つ理なのである。

〔剣術の戦い方――⑹崩れを攻める〕くづれを知る

「崩」と云事は、物毎にある物也。（略）戦《たたかう》内に、敵の拍子ちがひて、くずれめのつくもの也。其ほどを油断すれば、又たちかへり、新敷《あたらしく》なりて、はかゆかざる所也。其くづれめにつき、敵のかほ《顔》たてなおさゞるやうに、慥《たしか》に追かくる所肝要也。追懸るは、直《すぐ》につよき心也。敵たてかへさゞるやうに打はなすもの也。

――「崩れ」ということは、物事においてもあるものである。（略）戦っている内に、敵が拍子が狂って、崩れかけることがある。そうした時に油断すれば、敵もまた立て直して新しくなるので、勝負をつけることができない。その崩れたところを、敵が顔も立て直せないように、確実に追いかけることが大事である。追い懸るのは、真っ直ぐで強い心である。敵が立て直すことができないように打ち放すものである。

解説 11

火の巻の第五条から第二十条は、まず「大分の兵法にしては」と、合戦での戦略を述べた後、「一分の兵法にしても」と、剣術での戦略を書いている。兵法が剣術だけでなく、武家の法全般に関わり、大将の合戦での法も含まれるものだとする武蔵の論法からして、剣術の戦いの利が合戦の利にそのまま応用・展開できることを示す必要があったので、こうした書き方をしたのである。もちろん武蔵は剣術の戦い方を本に、合戦での体験を踏まえて考えたはずであり、剣術の叙述の方がはるかに具体的である。それ故、本書では条目の最初部を示した後、一分の兵法の叙述部分だけを集めて載せ、かつ十六条を戦いの展開に合わせて六つにまとめた。このように剣術の戦術に絞ってまとめ直すと、武蔵の考え方がよりくっきりと浮かび上がってくるように思われる。

〔合戦の戦い方——(1)敵を知る〕景気を見る・(敵になる)

敵のさかへおとろへを知、相手の人数の心を知り、其場の位を受、敵のけい

きを能《よく》見うけ、我人数何としかけ、此兵法の理にて、慥《たしか》に勝と云所をのみこみて、先の位をしつて、たゝかふ所也。

――敵の勢いの盛え・衰えを知り、敵の軍勢の心を知り、戦う場所の状況を摑み、敵の状態をよく見受け、味方の軍勢がどのように仕掛けるか、この兵法の理で、確かに勝てるというところを判断して、主導権を取って戦うところである。

〔合戦の戦い方――⑵敵の攻めの抑え方〕剣を踏む・(陰を動かす)・(影をおさゆる)

「剣をふむ」と云心は、兵法に専《もつぱら》用《もちい》る儀也。(略)弓・鉄炮にても、敵のはなつ内に、はやかゝる心也。はやくかゝれば、矢もつがひがたし、鉄炮もうち得ざる心也。物毎を敵のしかくると、其儘其理を受て、敵のする事を踏つけて勝心也。

――「剣を踏む」という心は、兵法でも専ら用いるところである。(略)弓でも鉄砲でも、敵が放つ間に、早くも攻め懸かる心である。早く懸かれば、敵が矢をつがえるのも難しく、鉄砲も撃つことが出来ない。敵が何事かを仕掛けてくると、そのままその理を受けて、敵が行おうとすることを踏みつけて勝つ心である。

〔合戦の戦い方――⑶戦う心〕ひしぐ・〔三つの声〕

敵小人数のくらいを見こなし、又は大勢也とも、敵うろめきてよは《弱》みつく所なれば、ひしぐといひて、かしらよりかさをかけて、おつぴしぐ心也。ひしぐ事よはければ、もてかへす事あり。手の内ににぎつてひしぐ心、能々吟味すべし。

――敵が少人数であることを見抜いて、または大人数であっても、敵がうろたえて弱味を見せたところを突くものなので、「ひしぐ（押し潰す）」といって、初めから勢いに乗じて押し潰す心である。押し潰すことが弱ければ、敵が盛り返すことがある。手の中に握って押し潰す心であり、よくよく吟味すべきである。

〔合戦の戦い方――⑷心理作戦〕（うつらかす）・（むかつかする）・おびやかす・うろめかす

①敵をおびやかす事、眼前の事にあらず。或は物の声にてもおびやかし、或は、小を大にしておびやかし、又、かたわきより不斗《ふと》おびやかす事、是おびゆる所也。其おびゆる拍子を得て、其利を以て勝べし。

②戦の場にゐて、敵の心を斗《はかり》、我兵法の智力を以て、敵の心を、そこ爰《ここ》となし、とのかうのと思はせ、おそしはやしと思はせ、敵うろめく心になる拍子を得て、慥に勝所を弁ゆる事也。

――①敵を脅やかすことは、目に見えることだけではない。あるいは物の声でも脅かし、あるいは少人数を大人数に見せて脅かし、また（別働部隊で）脇から攻めて脅かすこと、これが（敵が）怯えるところである。その怯える拍子を捉えて、その利によって勝つのである。

②戦場においては、敵勢の心を予測して、自らの兵法の知恵の力によって、敵勢の心をそこかここか、あれかこれかと思わせ、遅い速いかと思わせて、敵がうろめく心になる拍子を掴《つか》み、確かに勝つように弁えることである。

〔合戦の戦い方――⑸膠着状態の打開法〕（まぶるゝ）・かどにさはる・（四手をはなす）・まぎるゝ、

①敵の人数を見て、はり出《だし》つよき所のかどにあたりて、其利を得べし。かどのめ《滅》るに随ひ、惣《すべて》もみなめる心あり。其める内にも、かど〱に心得て、勝利を受る事、肝要也。

②「まぎるゝ」といふは、大分の戦にしては、人数を互にたて合、敵のつよき時、まぎるゝといひて、敵の一方へかゝり、敵くづるゝと見ばすてゝ、又強き方々へかゝる。大形つづらおりにかゝる心也。

――①敵の軍勢を見て、張り出している強い一角にぶつかって、勝つ利を得るべきである。その一角が弱まるにつれ、敵勢全体も弱まるものである。弱まる内にも、出た所出た所を攻めると心得て、勝利を得ることが大事である。
②「まぎれる」というのは、大勢の戦いにおいても、軍勢を互いに対抗して配置し、敵勢が強い時には、紛れると言って、敵勢の一方へ攻め懸り、その方面が崩れたと見れば攻めを止め、また強い方面に攻め懸る。大体つづら折りに攻め懸るやり方である。

〔合戦の戦い方――⑹崩れを攻める〕くづれを知る

大分の兵法にしても、敵のくづるゝ拍子を得て、其間《ま》をぬかさぬやうに追たつる事、肝要也。くづるゝ所のいきをぬかしては、たてかへす所有べし。

――大分の兵法においても、敵勢が崩れた拍子を得て、その瞬間を逃さずに一気に追い立てることが大事である。崩れた瞬間を見逃すならば、敵勢は盛り返すものである。

〔戦いの心構え――⑴戦いの主導権〕将卒を知る

「将卒を知る」とは、いづれも戦に及ぶ時、わが思ふ道に至ては、たえず此法

をおこなひ、兵法の智力を得て、我敵たるものをば、皆我卒《そつ》なりとおもひとつて、なしたきやうになすべしと心得、敵を自由にまはさんと思ふ所、我は将也、敵は卒也。

――「将卒を知る」というのは、誰であっても戦いに及ぶ時には、自分が道に達したならば、絶えずこの法を行い、兵法の知力を得て、敵はみな自分の士卒だと思い取って、自分がしたいようにするのだと思って、敵を自由に引き回すことであり、自分は大将であり、敵は士卒なのである。

〔戦いの心構え――⑵細心さと大胆さ〕鼠頭牛首《そとうごしゅ》

「鼠頭牛首」と云は、敵と戦のうちに、互にこまかなる所を思ひ合て、もつるる心になる時、兵法の道をつねに「鼠頭牛首〳〵」とおもひて、いかにもこまかなるうちに、俄《にわか》に大きなる心にして、大小にかわる事、兵法一つの心だて也。平生人の心も、「鼠頭牛首」と思ふべき所、武士の肝心也。

――「鼠の頭に牛の首」というのは、敵と戦う内に、互いに細かな所を考え合って膠着状態になった時には、兵法の道を常に「鼠の頭（の細心さ）に牛の首（の大胆さ）」と思って、まことに細かな内に、突然大きな心になって、大小を変えることが、兵法の一つの心立てである。平生から人の心も、「鼠の頭に牛の首」と思うことは、武士にとって重要なことである。

〔戦いの心構え――(3)転心法〕さんかいの替り・新になる・束《つか》を放す

①「山海のかはり」と云は、敵我たゝかいのうちに、同じ事を度々《たびたび》する事、悪き所也。同じ事、二度は是非に及ばず。三度するにあらず。敵にわざをしかくるに、一度にてもちいずば、今一つもせきかけて、其利に及ばず。各別替りたる事を、ほつとしかけ、それにもはかゆかずば、亦各別の事をしかくべし。然《しかる》によつて、敵、山と思はゞ海としかけ、海と思はゞ山としかくる心、兵法の道也。能々吟味有べき事也。

②「新に成る」とは、敵我たゝかふ時、もつるゝ心になつて、はかゆかざる時、わが気を振捨て、物毎をあたらしくはじむる心に思ひて、其拍子を受て勝

をわきまゆる所也。

③「束《つか》をはなす」といふに、色々心ある事也。無刀にて勝心有り。又太刀にてかたざる心あり。さまぐ〵の心のゆく所、書付るにあらず。能々鍛練すべし。

——①「山海の替り」というのは、敵と我と戦う内に、同じ攻めを何度もするのは悪いことである。同じ攻めを二度するのは仕方ないが、三度繰り返してはならない。敵に技を仕掛けるのに、一度で有効でなければ、もう一度攻め懸けてもその利に及ばなければ、全く別の攻めを不意に仕掛け、それでもうまくいかない時は、また別の攻めをするべきである。それ故、敵が山と思ったら海と仕掛け、海と思ったら山と仕掛けるのが、兵法の道である。よくよく吟味するべきである。

②「新たになる」とは、敵と我とが戦う内に、もつれて勝ちを決しがたい時に、それまでの気を振り捨て物ごとを新しく始めるように思って、その変化した拍子によって勝ちを弁えることである。

③「束（刀の柄《つか》）を放す」というのも、いろいろ心がある。無刀で勝つ心がある。また太刀では勝たない心もある。さまざまの心が行くところは、書き付

けることができない。よくよく鍛練すべきである。

〔戦いの心構え――⑷底を抜く〕そこをぬくと云事

「底を抜」と云は、敵とたゝかふに、其道の利を以て、上は勝と見ゆれ共、心をたへ《絶》さゞるによつて、上にてはまけ、下の心はまけぬ事あり。其儀におゐては、我俄《にわか》に替たる心になつて、敵の心をたやし、底よりまくる心に、敵のなる所、見る事、専也。此底をぬく事、太刀にてもぬき、又身にてもぬき、心にてもぬく所有。一道にはわきまふべからず。底よりくづれたるは、我心残すに及ず。さなき時はのこす心なり。残す心あれば、敵くづれがたき事也。大分・小分の兵法にしても、底をぬく所、能々鍛練あるべし。

――「底を抜く」というのは、敵と戦う内に、その道の理を以って表面的には勝つと見えるが、（敵の戦う）心を絶えさせないことによって、敵は上辺では負けているが、底では負けていないことがある。そうした時には、自分が急に違う心になって、敵の戦う心を絶やし、心底負けたという心になるのを見ることが第一である。この底を抜くのは、太刀でも抜き、身でも抜き、心でも抜くのである。一つのやり方だけと思ってはならない。敵が心底崩れたなら自分の心を残すに及ばない。そうでなければ残す心がある。残す心があれば、敵は崩れにくいものである。大分の兵法においても小分の兵法においても、底を抜くことを、よくよく鍛練すべきである。

解説 12

この時代、合戦での軍法を詳しく論じる近世軍学がまだ本格的に展開していなかったこともあって、柳生宗矩や柳生兵庫助など将軍家や大名の兵法師範は、剣術での心得が同時に「大分の兵法」にも通じることを主張していた。

武蔵も藩主に呈上した『兵法三十五箇条』の中で初めて、「大分の兵法」は、「一身の兵法」と「同意なるべし」と書いていたが、内容の展開はなかった。二年半後の『五輪書』では、これを具体的に示すために、戦い方の中でも剣術の理が合戦の理に展開できる十六条では両方の理を並行的に論じ、戦いの心構えも大小の兵法を合わせて論じたと思われる。展開した内には抽象的な内容と思われる条も多いが、合戦の理を論じ得たことは、自分の理論の正しさを確認するものとして自信になったであろう。
火の巻の最後の条は「いわをの身」である。『五輪書』では「兵法を得道《とくどう》して、忽《たちま》ち岩尾《いわお》のごとく成て、万事当たらざる所、うごかざる所。口伝」とあるだけだが、『兵法三十五箇条』では「身におのづから万理を得て、つきせぬ処なれば、生ある者は、皆よくる心有也」と説明している。どのような者であっても戦いを挑もうとする気すら少しも生じさせず、行けば敬して道を開けるようになってしまうということであろう。戦いの場でというより、日常生活のあらゆる場において、人より優れているので周りを圧倒してしまうようなあり様と言ってよいであろう。

〔火の巻　結び〕

右、書付る所、一流剣術の場にして、不ㇾ絶《たえず》思ひよる事而已《のみ》云顕し置物也。今初而《て》此利を書記《かきしるす》物なれば、あと先と、かきまぎるゝ心ありて、こまやかにはいひわけがたし。乍ㇾ去《さりながら》、此道をまなぶべき人の為には、心しるしに成べきもの也。

我若年より以来《このかた》、兵法の道に心をかけて、剣術一通の事にも手をからし、身をからし、色々様々の心に成り、他の流々をも尋見るに、或は口にていひかこつけ、或は手にてこまかなるわざをし、人目に能《よき》やうに見すると云ても一つも実《まこと》の心にあるべからず。勿論かやうの事、しならひても、身をきかせならひ、心をきかせつくる事と思へども、皆是、道のやまひ《病》となりて、後々迄もうせがたくして、兵法の直道《じきどう》、世にくちて、道のすたるもとい也。剣術実《まこと》の道になつて、敵とたゝかひ勝事、此法、聊《いささか》替《かわる》事有べからず。我兵法の智力を得て、直なる所をおこなふにおゐては、勝事うたがひ有べからざるもの也。

――右、書き付ける所、わが一流の剣術の場で、絶えず考えていることのみ、言い表しておくものである。

今、初めてこの理を書き記すものであるので、後先とうまく書き分けられず、細やかに表現するのは難しいものである。そうは言っても、この道を学ぼうとする者にとっては覚えになるべきものである。

私は少年時代から、兵法の道に心を傾けて、剣術一とおりのことに、手をならし、身を鍛練し、いろいろな心になり、諸々の他流を尋ねてみると、口先だけのこじつけを言い、あるいは手先で小細工の技をし、人目によいように見せていても、一つも正しい心によるものではない。もちろんこのようなことを習っても、稽古し身の遣い方に慣れ、心の遣い方に慣れたと思っても、これらは皆、道の病い（悪い癖）となって、後々までも無くならず、兵法の正しい道が世に朽ちて、道が廃れる基となるであろう。

剣術の正しい道というものは、敵と戦って勝つこと、この法は、少しも変わることがあってはならない。わが兵法の知恵の力を会得して、正しい道を行っているならば、勝つことに疑いがあるはずがない。

風の巻

風の巻の構成

風の巻では他流の誤りを批判する。それも他流の道を知らないでは、我が一流の道も確かに弁《わきま》えることが出来ないからである。風の巻は九箇条あるが、本書では内容的に整理して見ることにする（原文は、以下の(1)、(3)、(2)、(8)、(6)、(7)、(5)、(4)、(9)の順である）。なお風の巻でも大分の兵法に言及している箇所があるが、抽象的で短いので、省略することにする。

〔はじめに〕

兵法、他流の道を知事、他の兵法の流々を書付、風の巻として、此巻に顕《あらわ》す所也。他流の道をしらずしては、我一流の道、慥《たしか》にわきまへがたし。

他の兵法を尋見るに、大きなる太刀をとつて、つよき事を専《もつぱら》にして、其わざをなすながれ《流》あり。或は小太刀といひて、短き太刀を以て、道を勤《つとむ》るながれもあり。或は太刀かず多くたくみ、太刀の構をもつておもて《表》といひ、奥として道をつたゆる《伝》流もあり。是皆実の道にあらざる事、此巻の奥に慥《たしか》に書顕し、善悪理非をしらする也。

我一流の道理、各別の義也。他の流々、芸にわたつて、身すぎのためにして、色をかざり花をさかせ、うり《売》物にこしらへたるによつて、実の道にあらざる事か。亦世の中の兵法、剣術ばかりにちいさく見たてゝ、太刀を振習《ふりならい》、身をきかせて、手のかゝる所を以て、かつ事をわきまへたるものか。いづれも慥なる道にあらず。他流の不足成《なる》所、一々此書に書顕《かきあらわ》す也。能々吟味して、二刀一流の利をわきまゆべきものなり。

――兵法で他流の道を知る事。他の兵法のさまざまな流派のことを書き付け、風の巻として、この巻に書き表すものである。他流の道を知ることがなければ、わが一流のことも、確かに弁えることが難しい。

他の流派を調べてみると、大きな太刀を持って、強く振ることを第一としてその技をする流派もある。あるいは、小太刀と言って短い太刀を以って道を行う流派もある。あるいは稽古の形を数多く工夫し、太刀の構えを以って表とい い、奥として道を伝えている流派もある。これらはみな正しい道ではないことを、この巻の中で確かに書き表して、何が良く何が悪いのか、道理はどうなのかを知らしめるのである。

わが一流の道理は、まったく別のものである。他の諸流派は、武芸を生計の手段として、華やかな技巧を飾って、売り物にこしらえているから、正しい道ではないことか。また世の中の兵法は、剣術だけだと小さく見立てて、太刀を振る訓練をし、身のこなし、手の技巧によって、勝つことを弁えたものか。いずれも確かな道ではない。他の流派の不足であることを一つ一つこの書に書き表すものである。よくよく吟味して、二刀一流の道理を弁えるべきものである。

〔他流批判――(1)長い太刀〕他流に大きなる太刀を持事

他に大きなる太刀をこのむ流あり。我兵法よりして、是をよは《弱》き流と見たつる也。其故は、他の兵法、いかさまにも人に勝と云理《り》をば知ずして、太刀の長きを徳として、敵相《てきあい》遠き所よりかち《勝》たきと思ふによつて、長き太刀このむ心あるべし。世中に云、「一寸手まさり」とて、兵法しらぬものの沙汰《さた》也。(略)若《もし》敵相近く組あふほどの時は、太刀長き程打事もきかず、太刀のもとをりすくなく、太刀をに《荷》ゝして小《こ》脇指《わきざし》・手振《てぶり》の人におと《劣》るもの也。(略)

或は其場により、上・した・わきなどのつまりたるに、或は脇差ばかりの座にても、長きをこのむ心、兵法のうたが《疑》ひとてあし《悪》き心也。人により少力《しょうりき》なるものもあり。

むかしより「大は小をかなへる」といへば、むさと長きをきらふにはあらず。長きとかたよる心をきらふ儀也。(略)我が一流におゐて、さやうにかたづき、せばき心きらふ事也。

——他流には大きな太刀を好む流派がある。わが兵法からは、これを弱い流派だと見なすものである。その理由は、どのような場合でも勝つという道理を知らないで、太刀が長いのを有利として、敵から遠い間合から勝とうと思って、長い太刀を好む心があるようである。世間で「一寸でも長ければ有利だ」と言うのは、兵法を知らない者のうわさである。（略）

もし敵と近くで組み合う時には、太刀が長い程打つことも出来ず、太刀を自由に振りまわすこともできず、太刀が荷物になって、短い脇差や素手で戦う人に劣るものである。（略）

あるいは戦う場により、上・下・脇などが詰まっている場合や、あるいは脇差だけが使える場においても、長い太刀を好む心は、兵法の疑いといって悪しき心である。人によっては力が弱い（ので長い太刀を遣えぬ）人もいる。

昔から「大は小を兼ねる」というので、むやみに長いことを嫌うのではない。太刀は長くなければという片寄った心を嫌うのである。（略）わが流派では、そのように片寄る狭い心を嫌うのである。

〔他流批判――⑵短い太刀〕他流に短き太刀を用る事
短き太刀斗《ばかり》にてかたんと思ふ所、実《まこと》の道にあらず。（略）世の中に強力《ごうりき》なるものは、大きなる太刀もかろく振《ふる》なれば、無理に短きを好む所にあらず。（略）短き太刀を以《もつて》、人の振《ふる》太刀の透間《すきま》をきらん、飛入《とびいら》ん、つかまんなどと思ふ心、かたづき《片付》て悪し。又すきまをねらふ所、万事後手《ごて》に見え、もつるゝと云心有て、きらふ事也。（略）同くば、我身はつよく直《すぐ》にして、人を追廻し、人に飛びはねさせ、人のうろめくやうにしかけて、慥《たしか》に勝所を専とする道也。（略）
兵法の道、直《ただ》に紏しき所なれば、正理を以て、人をおいまはし、人をしたがゆる心、肝要也。

――短い太刀ばかりで勝とうと思うのも正しい道ではない。（略）世の中の力の強い者は大きな太刀でも軽々と振るのであるから、無理に短い太刀を好むものではない。（略）
短い太刀を持って、敵が太刀を振る隙《すき》をみて切ろう、懐《ふところ》に飛び込もう、（敵の太刀を）摑もうなどと思う心が、偏っていて悪いのである。また敵の隙を狙うのでは、すべて後手になり、もつれるという心があるのを嫌うのである。（略）同じことなら、自分の身は強く真っ直ぐであって、相手を追いまわして、飛び跳ねさせ、うろたえるように仕掛けて、確かに勝つことを第一とする。

（略）

兵法の道は、真っ直ぐで正しいものであるから、正しい道理によって、敵を追いまわし、敵を従える心が大事である。

〔他流批判――⑶強みの太刀〕他流におゐてつよみの太刀と云事

太刀につよき太刀、よわき太刀と云事はあるべからず。つよき心にてふる太刀は、あら《荒》き物也。あらきばかりにては、かちがたし。又つよき太刀と云て、人をきる時にして、むりにつよくきらんとすれば、きれざる心也。（略）

誰におゐても、かたききりやふ《切合》に、よわくきらんつよくきらんと思ふものなし。唯人をきりころさんとおもふ時は、つよき心もあらず、勿論《もちろん》よわき心にもあらず、敵のし《死》ぬるほどと思ふ義也。若《もしく》は、つよみの太刀にて、人の太刀強

くはれば、はりあまりて必ずあしき心也。人の太刀に強くあたれば、わが太刀もおれくだくる所也。然《しかる》によつて、つよみの太刀などと云事なき事也。（略）物毎に勝と云ふ事、道理なくしては勝事あたはず。わが道におゐては、少もむりなる事を思はず、兵法の智力をもつて、いかように《如何様》も勝所を得る心也。

——太刀に強い太刀、弱い太刀ということはあってはならない。強い心で振る太刀は、粗《あら》いものである。粗いだけでは勝ち難い。また強い太刀がよいと言って、人を切る時に無理やり強く切ろうとすれば、切れないものである。（略）

誰であっても、敵と切り合う時には、弱く切ろう・強く切ろうなどと思う者はいない。ただ敵を切り殺そうと思う時は、強い心でもなく、もちろん弱い心でもなく、敵が死ぬほどにと思うだけである。あるいは強みの太刀で敵の太刀を強く張れば、張り過ぎとなって必ず悪いことになる。敵の太刀に強く当たれば、自分の太刀も折れ砕けるものである。それだから、強みの太刀ということはないのである。（略）

物ごとに勝つということ、道理がなくては勝つことは出来ない。わが道においては、少しも無理なことを思わず、兵法の知恵の力で以って、どのようにでも勝ちを得るのである。

〔他流批判――⑷速き太刀〕他の兵法にはやきを用ふる事

兵法のはやきと云所、実の道にあらず。はやきと云事は、物毎に拍子の間《ま》にあはざるによつて、はやきおそきと云《いう》心也。其道上手《じょうず》になりては、はやく見へざる物也。（略）「はやきはこける《転》」といひて、間にあはず、勿論《もちろん》おそきも悪《あし》し。是も上手のする事は、緩々《ゆるゆる》と見へて間のぬけざる所也。諸事しつけたるものゝする事は、いそがしく見えざる物也。（略）

殊《こと》に兵法の道におゐて、はやきと云事悪し。其子細《しさい》は、是も所によりて、沼・ふけ《深田》などにては、身・足共にはやくゆきがたし。太刀はいよ〳〵はやくきる事なし。早くきらんとすれば、扇・小刀のやうにはあらで、ちやくときれば、少もきれざるもの也。（略）「枕をおさゆる」と云心にては、少もおそき事はなき事なり。亦《また》人のむさとはやき事などには、そむくといひて、静になり、人に

つかざる所、肝要也。

——兵法の速いというのは、正しい道ではない。速いということは、物ごとに拍子の間に合わないことがあるから、速い・遅いが出てくるのである。その道の上手な人になると、速くは見えないものである。（略）「速いと転ぶ」と言って、間に合わない。もちろん遅いのも悪い。これも上手のすることは、ゆっくりと見えても間が抜けないものである。いろいろな事柄に慣れている者がやることは、忙しくは見えないものである。（略）

殊に兵法の道においては、速いということは悪い。その事情は、戦う場によって沼や深田などでは身も足も速く行かない。太刀はなおさら速く切ることはない。速く切ろうとすれば、扇や小刀のようにはいかず、小手先でちょんと切っても、少しも切れないものである。（略）「枕をおさえる」という心でいれば、少しも遅いことはないのである。また敵がむやみに速い時には、「そむく」と言って、静かになって敵につられないのが大事である。

〔他流批判——⑸特殊な目付〕他流に目付と云事

目付といひて、其流により敵の太刀に目を付《つく》るもあり、亦《また》は手に目を付る流もあり。或は顔に目を付、或は足などに目を付ける流もあり。其ごとくとりわけて目をつけむとしては、まぎるゝ心ありて、兵法のやまひ《病》と云物《いうもの》になるなり。其子細は、鞠《まり》をける人は、まりによく目を付ねども、びんずりをけ《蹴》、おい《追》まり《鞠》をしながしても、けまわりても、ける事、物になるゝといふ所あれば、慥に目に見るに及ばず。（略）是皆、慥に目付とはなけれども、不断手にふれぬれば、おのづから見ゆる所也。

兵法の道におゐても、其敵〱としなれ《仕馴》、人の心の軽重《けいちよう》を覚へ、道をおこなひ得ては、太刀の遠近・遅速迄《まで》も、皆見ゆる儀也。兵法の目付は、大形《おおがた》其人の心に付たる眼也。（略）

観《かん》・見《けん》二つの見やう、観の目つよくして敵の心を見、其場の位を見、大きに目を付て、其戦のけいき《景気》を見、其おりふし《折節》の強弱を見て、まさしく勝《かつ》事を得る事、専也。（略）濃《こまやか》にちいさく目を付るによつて、大きなる事をとりわすれ、

まよふ心出《いで》きて、慥なる勝をぬ《逃》かすもの也。

——目付といって、流派によって、敵の太刀に目を付けるのもあり、また手に目を付ける流派もある、あるいは顔に目を付け、あるいは足などに目を付ける流派もある。そのように特にどこかに目を付けるというのでは、捕らわれた心があって、兵法の病いというものになる。

その事情は、たとえば蹴鞠《けまり》において、鞠を蹴る人は鞠によく目を付けないでも、びんすり（こめかみの毛をかすって蹴る技）や追い鞠（追いながら蹴る技）という高度な蹴鞠の技をしても、蹴り回すのでも、慣れれば確かに目で見るのではない。（略）これらは皆、確かに目を付けるのではないが、絶えず稽古していれば、自然と見えるようになるのである。

兵法の道においても、さまざまな敵と戦い慣れて、敵の心の軽重を覚え、兵法の道を会得できれば、敵の太刀の遠い近い・遅い速いまでも、すべて見えるものである。兵法の目付は、大体敵の心に付けた目である。（略）

観見の二つの見方があるのであり、観の目を強くして敵の心を見、その場の状況を見て、（大きい所に目を付け）その戦いの状態を見、その折の強弱を見て、まさしく勝ちを得ることが第一である。（略）細かに目を付けるから、大局を忘れて迷う心が出て来て、確かに勝つことを逃すものである。

〔他流批判――⑹特殊な足遣い〕他流に足づかひ有る事

浮足をきらふ事、其故は、たゝかいになりては、必《かならず》、足の浮きたがるものなれば、いかにも慥にふむ道也。又、飛足をこのまざる事、飛あしはとぶをこり《起》ありて、とび《（飛）》てい《居》つく《付》心あり。いくとびも飛といふ理のなきによつて、とび《飛》あし《足》悪し。亦、はぬる足、はぬると云心にて、はかの行かぬもの也。踏《ふみ》つむる足、待《たい》のあしとて、殊《ことに》きらふ事也。其外からす足、色々のさつそく《早足》などあり。或《あるいは》沼・ふけ《深田》、或山・川・石原・細道にても、敵ときり合ものなれば、所により、飛びはぬる事もならず、さつそくのふまれざる所有《ある》もの也。

我《わが》兵法におゐて、足に替《かわ》る事なし。常の道をあゆむがごとし。敵の拍子に随ひ、いそぐ時、静なる時の身の位を得て、たらず、あまらず、足のしどろになきやうにあるべき也。むさとはやくかゝれば、拍子ちがひ、勝がたきもの也。又足ぶみ静にては、敵うろめきありて、くづるゝと云所を見つけずして、勝事《かつ》をぬかして、はやく勝負つけ得ざるもの也。うろめきくづるゝ場を見わけて、少《すこし》も敵をくつろがせざるやうに勝事、肝要也。

——浮き足を嫌うこと、その理由は戦いになると必ず足が浮きがちになるものなので、どのようにでもしっかりと足を踏むのが道である。また飛び足を好まないことは、飛び足には飛ぶ起こりがあり、飛んで居付く心があるからである。何度も飛ぶという理がないので、飛び足は悪いのである。また跳ねる足というのも、跳ねるという心では、埒《らち》があかないものである。踏み詰める足は、待つ足となるので、特に嫌うのである。その他、からす足、いろいろな速い足もある。あるいは沼や深田、あるいは山や川、石原や細道などで敵と切り合うことがあるが、飛び跳ねることもできず、早足で踏むことができない所もある。

わが兵法においては、足遣いに変わることはない。いつもの道を歩くようであればよい。敵の拍子に随って、急ぐ時、静かな時の体勢をして、足らず、余らず、足がしどろもどろにならないようにすべきである。（略）
敵の心を知らないまま、むやみに速く攻め懸れば、拍子が違って、勝ちがたいものである。また足ぶみが静かになっては、敵がうろめいて、崩れるところを見つけられず、勝機を逃して、速く勝負の決着を付けることが出来ないものである。敵がうろめき崩れる瞬間を見分けて、敵に少しの余裕も与えず、勝つことが大事である。

〔他流批判――(7)さまざまな構え〕他に太刀の構を用る事
太刀のかまへを専《もつぱら》にする所、ひがことなり。世の中に、かまへのあらん事は、敵のなき時の事なるべし。（略）其あいて《相手》のあしきやうたくむ事なり。（略）兵法勝負の道におゐては、何事も先手〳〵と心懸事也。かまゆると云心は、先手を待《まつ》心也。能々工夫あるべし。
兵法勝負の道、人の構をうごかせ、敵の心になき事をしかけ、或は敵をうろめかせ、或はむかつかせ、又はおびやかし、敵のまぎるゝ所の拍子の理を受て、勝事なれば、構と云、後手《ごて》の心を嫌《きらう》也。然《しかる》故に、我道に「有構無構」といひて、かまへはありて、かまへはなきといふ所也。

——太刀の構えを第一とすることは、間違ったことである。世の中で、構えがあるのは、敵がいない時のことである。（略）その都度の敵が悪いように工夫する。（略）兵法勝負の道においては、何事も先手先手と心掛けるのである。構えるという心は、先手を待つ心である。よくよく工夫するべきである。

兵法勝負の道では、敵の構えを動かし、敵が予想もしない攻めをし、敵をうろめかせ、むかつかせ、脅かし、敵が混乱するところを見て取って勝つのであるから、構えという後手になる心を嫌うのである。それゆえ、わが一流では「有構無構」と言って、構えはあるが、構えはないというのである。

〔他流批判——⑻数多い形〕他流に太刀かず多き事

太刀のかず余多《あまた》にして人に伝ゆる事、道をうり物に仕立てゝ、太刀数おほくしりたると、初心のものに、深く思はせん為成《ためなる》べし。兵法にきらふ心也。其故は、人をきる事色々あるとおもふ所、まよふ心也。世の中におゐて、人をきる事、替《かわ》る道なし。しる《知》ものもしらざるものも、女童子《わらわべ》も、打た丶きると云道は多くなき所也。(略)

され共、場により、事に随ひ、上・わきなどのつまりたる所にては、太刀のつかへざるやうに持道《もつみち》なれば、「五方」とて五つの数は有べきもの也。それより外に、とりつけて、手をねぢ、身をひねりて、飛びひらき、人をきる事、実の道にあらず。人をきるに、ねぢてきられず、ひねりてきられず、飛てきれず、ひらいてきれず、かつて役に立ざる事也。

我兵法におゐては、身なりも心も直にして、敵をひずませ、ゆがませて、敵の心のねぢひねる所を勝つ事、肝心也。

――太刀の数(稽古の形)を多くして人に伝えるのは、道を売り物に仕立てて、形を多く知っているのだと、初心の者に深く思わせるためであろう。兵法では嫌う心である。その理由は、人を切る方法がいろいろあると思うのは迷う心である。世の中において、人を切ることに変わったやり方はない。知る者も知らない者も、女子供も、打ちたたき切るという仕方は多くあるわけではない。

（略）

そうは言っても、戦う場により、事情によって、上や脇が詰まったりする所では、太刀がつかえないように持つのであるから、「五方」といって五つの数はあるべきものである。それより他に、特に手をねじったり、身をひねったり、飛びひらいたりして、人を切ることは正しい道ではない。人を切るのに、ねじっては切れず、ひねっても切れず、飛んで切れず、体を開いて切れず、それらはまったく役に立たないものである。

わが兵法においては、（自分は）身構えも心も真っ直ぐにして、敵を歪ませ、歪ませて、敵の心がねじひねったところを勝つことが大事である。

〔他流批判――⑼教え方〕他流に奥表と云事

兵法のことにおゐて、いづれを表といひ、いづれを奥といはん。芸により、

ことにふれて、極意秘事などといひて、奥口あれども、敵と打合時《うちあう》の理におゐては、表にてたゝかい、奥を以てきると云事にあらず。我兵法のおしへ(教)やうは、初而《はじめて》道を学《まなぶ》人には、其わざのなりよき所をさせならはせ、合点《がってん》のはやくゆく理を先におしへ、心の及がたき事をば、其人の心ほどくる所を見わけて、次第〳〵に深き所の理を後におしゆる心也。され共、大形は其ことに対したる事など、覚えさするによつて、奥口と云ふ所なき事也。されば、世の中に、山のおく(奥)を尋ぬるに、猶《なお》奥へ行かんとおもへば、又口へ出るもの也。何事の道におゐても、奥の出合所《いであう》も有り、口を出してよき事もあり。此戦《たたかい》の理におゐて、何をかかくし、何をか顕《あら》はさん。然によつて、我が道を伝ふるに、誓紙罰文《せいしばつもん》などゝ云事を好まず。此道を学《まなぶ》人の智力をうかゞひ、直《すぐ》なる道をおしへ、兵法の五道六道のあしき所をすてさせ、おのづから武士の法の実《まこと》の道に入り、うたがひなき心になす事、我兵法のおしへの道也。

——兵法のことにおいて、何を表と言い、何を裏と言おうか。芸により、事にふれて、極意・秘事などと言って、奥とか口とかがあるが、敵と打ち合う時の理においては、表で戦い、奥で以って切るということなどはない。

わが兵法の教え方は、初めて道を学ぶ人には、その技のやりやすいところからさせ習わせて、はやく理解が出来る理を先に教え、心が及ばない事は、その人の心が自然に解けてくるのを見分けて、次第に深い理を後に教えていくようにする。しかし大抵はその状況に対応したことなど覚えさせるのであるから、奥とか口という区別はないのである。世間で、「山の奥を尋ねて、一層奥へ行こうと思うと、また入口へ出てしまう」というように、何事の道においても、奥とされている事がよいこともあれば、口とされている事を出した方がよいこともある。

この戦いの理論において、何を隠し何を表に表そうか。それだから、わが道を伝えるのに、「誓紙罰文」（入門する時に流儀で教わることは秘密を守り、もし反すればどんな罰を受けても構わないとする誓約書）などという事を好まない。この道を学ぶ人の知力をよく測って、正しい道を教えて、兵法の五道・六道の悪い所（身に着いている悪い癖や思い込み）を捨てさせて、おのずから武士の法の正しい道に入り、疑いのない心にしていくのが、私の兵法の教えの道である。

〔風の巻　結び〕

右、他流の兵法を九ケ条として、風《ふう》の巻に有増《あらまし》書付る所、一々流々、口より奥に至る迄、さだかに書顕はすべき事なれども、わざと何流の何の大事とも名を書しるさず。其故は、一流〳〵の見たて其道〳〵のいひわけ、人により、心にまかせて、それ〳〵の存分あるものなれば、同じ流にも少々心の替るものなれば、後々迄の為に、ながれ筋ども書きのせず、他流の大体九つにいひわけて、世の中の道、人の直《すぐ》なる道理より見せば、長きにかたづき、短きを理にし、つよき《強》よは《弱》きとかたづき、あらきこまかなると云事も、みなへん《偏》なる道なれば、他流の口奥と顕はさずとも、皆人の知べき儀也。

我一流におゐて太刀に奥口なし。構に極りなし。唯心をもつて、其徳をわきまゆる事、是兵法の肝心也。

――右、他の諸流派の兵法を九箇条に分けて、風の巻に大体を書き付けたが、一々どの流派の表や奥に至るまで明らかに書き表すべき所ではあるが、わざと「何流の何の大事のことだ」と名を書き記さない。その理由は、各流派の考え方やそれぞれの説明などは、人によって、理解によってもそれぞれの考えがあるので、同じ流派でも少々考え方が違っているので、後々までのために、どの流派だとは書き載せず、他流の誤りを大体九つに分けて、世間の道、人の正しい道理から見れば、太刀が長いことに偏り、短いことに偏り、力の強い・弱いと偏り、技の粗い・細かいということも、それぞれに皆偏った道であるので、他流の表だ奥だと書き表さずとも、みな人の知っているはずのことである。

わが一流においては、太刀に表や奥という区別はない。構えに極まりはない。ただ心を正しく働かせて、兵法の徳を弁えることが、兵法の重要なことである。

解説13

武蔵は武者修行の中で、さまざまな流派の剣術を研究し、それに勝てる工夫をしていたはずである。壮年期から晩年期には、すでに他流を修めた藩主や藩士を指導する中で、剣術の直道《じきどう》とは何かを改めて考えたはずである。風の巻の背景には、そうした武蔵の体験があった。

武蔵が基準としているのは、あらゆる実戦の場面に通用するか否かである。ある場面には有利だが、他の場面には不利となる「偏り」をまず批判する。外形に捕らわれずに、何が眼目であるのかを見据えている。太刀遣いでも、「太刀の道」に即して遣うのであり、「枕のおさえ」があれば速さだけを追うことにはならない。流派の構えや形についても、「有構無構」であり、「五方の構え」からの五本の形でよいとする。当時は流派で教えることは絶対の秘伝であり、誓紙罰文を提出して入門し、何段階かに分けられた形を、免許を取って順に教えられていた。けれども武蔵は実戦で表や奥の別があるわけではないとして否定する。免許制とすると、そのやり方や形に捕らわれ、さらに免許の段階を細分化して免許を授ける者の利権ともなる。武蔵は芸を売り物に仕立てることを明確に否定し、学ぶ者の理解に合わせて教えるのが本当だと言う。一流の者こそが学ぶ者に応じて柔軟な指導が出来るのである。

風の巻で示されるのは、人がいかに外形に捕らわれやすいか、自分の流派だけの思い込みにいかに捕らわれているかである。自らがそうした捕らわれにないかどうか、空の巻で絶えず大きなところから見直すことが示されることになる。

空の巻

空の巻の構成

空の巻は、『五輪書』の結びとなる巻であるが、大変短い。地・水・火・風の四巻は、兵法の道の内容を、箇条に分けて具体的に詳しく論じていた。これらは「ある所」のものであるが、「空」は、それらの「ある所」の兵法の道を実際に行っていくことを通して初めて知られる「なき所」のものである。空の巻は全文を載せる。

武蔵から死の一週間前に『五輪書』五巻を譲られた寺尾孫之丞は、「就中《なかんずく》空の巻は、玄信公永々の病気に付て、所存の程あらわされず候」と伝えるが、地水火風の「四冊之書の理あきらかに得道候て、道理をはなれ候へば、おのづから空の道にかなひ候」と書いている（相伝奥書）。空の巻は、四巻の内容と合わせて考えるべきであろう。

空の巻

二刀一流の兵法の道、空の巻として書顕す事。空といふ心は、物毎のなき所、しれざる事を空と見たつる也。勿論《もちろん》空はなきなり。ある所をしりて、なき所を知る。是則《すなわち》空也。

世の中におゐて、あしく見れば、物をわきまへざる所を空と見る所、実《まこと》の空にはあらず。皆まよふ心なり。此兵法の道におゐても、武士として道をおこなふに、士の法を知らざる所、空にはあらずして、色々まよひありて、せんかたなき所を、空といふなれども、是実《まこと》の空にあらざる也。

——二刀一流の兵法の道を、空の巻として書き表す。空という心は、物ごとのない所、知ることができない事を、空と見立てるのである。もちろん空はないものである。「ある所」(個々の具体的な理)を知って、(具体的には捉えられない)「なき所」を知る。これがすなわち空である。

世の中において、悪く見れば物を弁《わきま》えない所を空と見るが、これは真実の空ではない。すべて迷う心である。この兵法の道においても、武士としての道を行うのに、武士の法を知らないのは、空ではない。いろいろ迷いがあって、どうしようもないところを空と言うけれども、これも真実の空ではない。

武士は兵法の道を慥《たしか》に覚へ、其外《そのほか》武芸を能《よく》つとめ、武士のおこなふ道少もくらからず、心のまよふ所なく、朝々時々《ちようちようじじ》におこたらず、心・意二つの心をみがき、観・見二つの眼をとぎ、少もくもりなく、まよひの雲の晴たる所こそ、実《まこと》の空と知るべき也。

実の道をしらざる間は、仏法によらず、世法《せほう》によらず、おのれ〳〵は慥《たしか》なる道とおもひ、よき事と思へども、心の直道《じきどう》よりして、世の大かねにあわせて見る時は、其身〳〵の心のひいき、其目〳〵のひずみによって、実の道にはそむく物也。其心をしつて、直《すぐ》なる所を本とし、実の心を道として、兵法を広くおこなひ、ただしく明らかに、大きなる所をおもひとつて、空を道とし、道を空と見る所也。

空《くう》有レ善無レ悪。
智は有《う》也。利は有也。
道は有也。心《しん》は空也。

――武士は、兵法の道を確かに覚えて、その他武芸をよく努め、武士の行う道に少しも暗くはなく、心に迷いなく、毎朝毎時に怠ることなく、心意二つの心を磨き、観見二つの目を研いで、少しも曇りなく、迷いの雲の晴れたところこそ、真実の空と知るべきである。

真実の道に達しない内は、仏法であっても、世間の法であっても、自分では確かな道だと思い、よい事だと思っていても、心を正しくして、世の中の大法に合わせてみれば、その人のひいきの心、その人の歪んだ目によって、正しい道から外れているものである。そうしたことを知って、正しいところを本とし、真実の心を道として、兵法を広く行い、正しく明らかに大いなるところを思い取って、空を道とし、道を空と見るのである。

空は善あって、悪なし。
智は、有なり。利は、有なり。

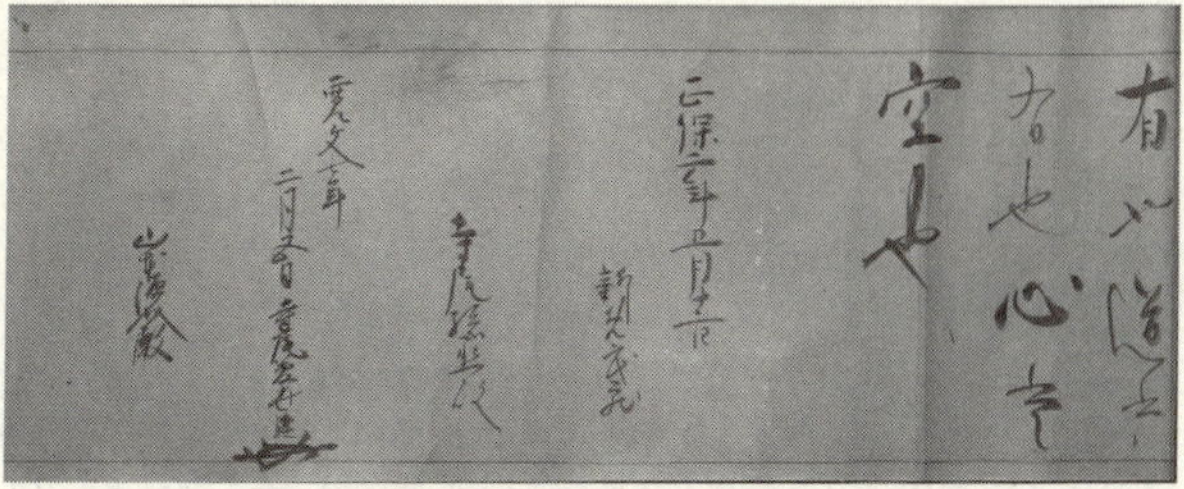

細川家本「空の巻」末尾（永青文庫蔵）
正保二年五月十二日に寺尾孫之丞に相伝とする奥書がある

道は、有なり。心は、空なり。

解説14

「空」というと、「色即是空、空即是色」が思い浮かぶが、仏教の深遠な思想があるので、芸道や武道の奥義として「空」が言われることが多い。けれども武蔵は、分からないところを「空」を借りて言うのは迷いだと否定する。「仏法・儒道の古語をもからず」と言う武蔵は、「空」についても、彼独自の意味で言っている。

武蔵が言う意味は、「空といふ心は、物毎のなき所、しれざる事を空と見立つる也」ということである。空と「見立てる」、仮に空と見なすのであり、「勿論空はなきなり」なのである。そして空を、物毎の「なき所」と物毎の「しれざる事」の二つの相で見る。この二相は、空の巻の最後の「空を道とし、道を空と見る所也」が受けている。「なき所」は、鍛練を続けていく中で開かれる「少もくもりなく、まよひの雲の晴たる所」の空である。対して「しれざる事」は、自分には未だ知り得ない世界があると自覚し、自らが心のひいきや目の歪みに捕らわれていないか、と思い取って行っていくべきことである。二つの相の関係は、「しれざる事」があることを思い取って「ある所」の鍛練を続けていく果てに「なき所」が開かれるという構造になっている。「空を道とし」というのは、「なき所」に開かれることを目指して日々具体的な道を鍛練することであり、「道を空と見る所」とは、具体的な「ある所」の道の鍛練を正しく行いながら絶えず「しれざる事」を思い取っていくことである。武蔵のいう「空」は、あくまで兵法の道の鍛練の中で言われているのであり、それ以上に何ら神秘的な意味や形而上学的な意味をもつものではないのである。

空の巻によって、これまでの四巻で兵法の道理を読んできた者に、広く無限なものを示し、各人がそれぞれに終わることなく道を修すべきことを示しているのである。

五巻全体を一通り書いた後に戻って書いたと思われる地の巻で空の巻の内容を予告した条には、「道理を得ては道理をはなれ、兵法の道におのれと自由ありておのれと奇特《きどく》を得、時にあいては、ひやうし《拍子》を知り、おのづから打、おのづからあたる」と書いていた。地水火風の四巻に詳しく論じられた道理は、それを体得すればもはや一々意識せずとも道理に適ったあり様となるので、術はおのずから出て、おのずから当たる自由な境地になっているのである。空の巻で「なき所」として示したあり様と言ってよいであろう。武蔵は続けて「おのれと実《まこと》の道に入る事を、空の巻にして、書とどむるものなり」と書いていた。かくて空の巻で、兵法の道を鍛練することが、そのまま真実の生き方をもたらすものとされたのである。

なお、最後の漢文の跋を模した部分は、本文の内容とは微妙にずれていると感じられる。最近何本か発見された、細川家本より十四年前に孫之丞が授けた系統の写本にはこの部分がないので、この部分は「所存の程書きあらわされず」と思った孫之丞が書き加えた可能性も考えられる。

第三部　『五輪書』の価値——時代の流れの中で

第三部では、『五輪書』の価値について、剣術が盛んになる戦国時代から現代に至るまでの時代の流れの中で考えてみたい。まず『五輪書』の成立の背景として、剣術流派が展開してくる時代に遡って見ておく。『五輪書』は、近世社会においては武蔵の意図に反して成立後間もなく流派の秘伝書とされた。幕末に至って、剣術が再び盛んになった。明治維新により武士階級が消滅したが、竹刀剣術は近代化されて剣道となった。『五輪書』は、明治末期に再発見され、剣道の古典とされて現代に至る。『五輪書』は今日、各国語に翻訳されて、海外でも広く読まれている。そうした状況を紹介しながら、改めて『五輪書』の今日的な価値について考えてみたい。

1．『五輪書』成立の時代背景——新たな武士文化の形成

『五輪書』は武蔵の生涯にわたる剣術鍛練の成果の結実であったが、大きく時代を見れば、剣術流派が広範に展開してきた動きの中で成立したと言える。まず『五輪書』が成立した背景を、剣術が流派として展開してきた時代に遡って考えておきたい。

剣術が流派として本格的に展開するようになるのは、十六世紀半ば、塚原卜伝《つかはらぼくでん》の新《しん》当流《とうりゅう》や上泉伊勢守《かみいずみいせのかみ》の新陰流《しんかげりゅう》などからである。それまでの参籠《さんろう》して示現《じげん》を得たなどとす

る神秘化を脱し、明確な理論を持ち、形《かた》による教習法を確立している。戦国時代も末期となって、合戦は大規模な集団戦となり、やがて鉄砲も普及して、剣術の実戦的な意味が大幅に低下する時代になってから、むしろ武士の独立不羈《ふき》の誇りを表すものとして、流派の剣術が展開している。上州と大和の在地領主であった上泉と柳生宗厳《やぎゅうむねよし》は、武田信玄や織田信長の侵攻で城主として居られなくなった時代に、新陰流を弘め、「英傑」たる者が学ぶ剣を標榜《ひょうぼう》していたことは、そのことを端的に示している。

十六世紀末に全国が統一されて合戦がなくなり、武士が農工商と区別された支配層となり、刀が武士の象徴となったことが、剣術が隆盛する基盤となる。十七世紀に入って江戸幕府が成立するが、諸大名の軍勢の鉄砲・大砲や集団訓練などは幕府に厳しく監視されていたので、武士は合戦への備えとして武術を鍛練することになった。将軍や大名の周辺には有力な武芸者が兵法師範として迎えられた。徳川家康は、将軍秀忠の兵法師範として、新陰流の柳生宗矩《むねのり》（宗厳の五男）と一刀流の小野忠明を迎え、後には尾張徳川家の兵法師範として柳生兵庫助（宗厳の孫）を据えた。

関ヶ原の戦いから大坂の陣までの間は、大量の牢人たちが武者修行を盛んに行い、諸大名の方でも、合戦がまた起きる緊迫感がある中で、有名武芸者を優遇していた。大坂の陣以後、徳川幕藩体制が確固としたものになり、もはや合戦が起きる可能性がほとんどなくなったことから、剣術を鍛錬することの意味が改めて問われることになる。将軍家や諸大名の兵法師範となった者たちには、それぞれの流派の教授法の整備と理論化が求められた。

三代将軍家光が政治を行うようになった寛永九年（一六三二）、将軍家兵法師範であった柳生宗矩は『兵《へい》法《ほう》家《か》伝書《でんしょ》』を著した。宗矩は、父・宗厳によって整備された新陰流の形《かた》を示すとともに、乱れた世の「殺人《せつにん》刀《とう》」は治まりたる世には「活人剣《かっにんけん》」にならなければならないとして、剣術の実戦性よりも、心のあり様に焦点を当てた心法論《しんぽうろん》を展開し、禅僧沢庵《たくあん》の教えによって剣術の奥義は「無心」であるとし、自らはまだ至らないが「無心」になれば諸芸に通達となると説いた。剣術だけではなく、平生から機を見ることも、国が乱れないように国司を定めることも、全て兵法だとした。

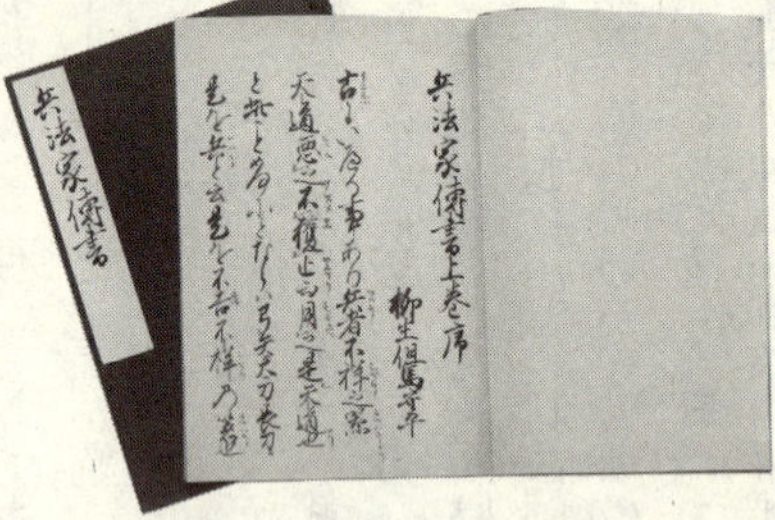

柳生宗矩『兵法家伝書』（細川家本複製）

同じ新陰流でも柳生兵庫助の『始終不捨書《しじゅうすてざるしょ》』は、技の基礎について「昔の教え悪し」としてより柔軟に動く「今の教え」に変えていたが、心法論には批判的であった。

ただ兵法を学べば、庶人は身を修め、君子は国を治め、天子は天下を治めるのであり、「其の道一つなり」とした。

『五輪書』は、これらより少し後に著されたが、剣術の技の基礎と太刀遣いの原理を明らかにし、流派の形にこだわることも、秘伝とすることも、初伝・中伝・奥伝・極意などと決まった教え方をすることも否定する。学ぶ者が理解し体得しやすいようにそれぞれに合わせて教えるのが本当だとし、流派の伝承を主とするのではなく、学ぶ者が立派な武士となっていくことを目指していた。『五輪書』は、剣術鍛練を核にして武士としての生き方を説き、個人の剣術の戦い方をそのまま合戦に展開した「大分の兵法」も述べ、大将も学ぶべきものとしていた。また「兵法の道」を仏教や儒教、さらには能楽や茶の湯などの芸道に伍して「実の道」へ入る道として、確立させようとしていたのである。

これら三人は、流派が革新されてから第三世代に当たり、少年時代から流派の鍛練をし、かつ合戦や武者修行で実際に戦った経験があって、将軍や大名の周辺に迎えられた者であった。彼らが晩年を迎えて著したこれらの書は、剣術を拡大した兵法を鍛練する道を、武士の新たな文化として確立させようとしたものであると言える。

2.『五輪書』の秘伝化――近世の伝統主義の中で

一七世紀後半には近世社会は確立し、泰平の世となって経済的に大きく発展したが、幕藩体制の組織は固定化し、万事先例に則る伝統主義となった。

武士が剣術を鍛錬することは当たり前とされる社会となったので、もはや剣術の意味は深く問題にされず、兵法師範となったものは、流派の伝統を強調して、形を増やし教習法を整備した。『五輪書』が書かれたのとほぼ同時代であるが、第四世代となる若い柳生十兵衛や柳生連也《れんや》は、合戦や武者修行の体験はなく、それぞれの父である宗矩と兵庫助の教えを記した書物を著している。すでに流派として継承することが中心になっていたのである。少し後になるが、新陰流の別系統の第四世代である針ヶ谷《はりがや》夕雲《せきうん》は参禅して大悟し、それまでの剣術を「畜生心《ちくしょうしん》」によると否定して、「自性本然《じしょうほんねん》」に目覚めることこそ大事だと説くようになった。剣術においても心法論が専ら高調されるようになったのである。一七世紀後期に他流試合が禁止されたので、剣術は流派の形を継承しながら、さらに細分化して稽古するようになって、形式化、華法化《かほうか》が進むことになる。武蔵が危惧していた道場剣術が技巧化する方向に進んだのである。

この時代になると、『五輪書』は二天一流の秘伝書とされ、五巻が分けられて免許

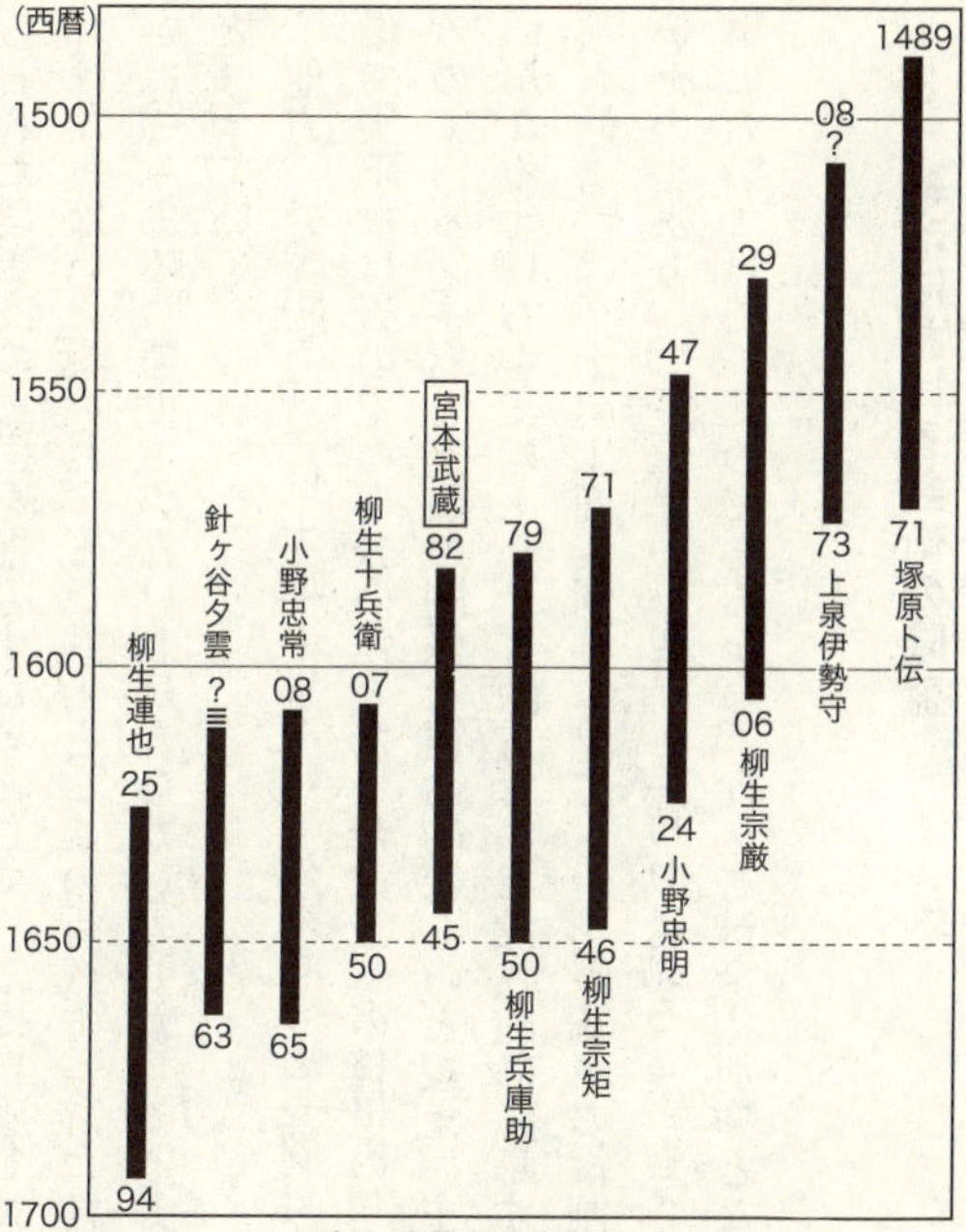

主な武芸者の生没年

の代わりに順に授与されるようになった。もはや武蔵の意図は隠され、授与された者の中には、極意の書という期待が外れた反動からか、『五輪書』は分かりきったことを和文で平易に書いた無益の書だと言う者まで出た。

泰平の世の中となり、武士はもはや人前で刀を抜くことすら憚《はばか》られるようになっていた。

山鹿《やまが》素行《そこう》は、儒教の理論に拠りながら、武士は忠・孝・仁・義・礼などを実践する道徳的な「士」となるべきであり、「利」に捕らわれた農工商の三民を指導する者として、常に自省して「五倫の道」を実現しなければならないと説いた。また武士としての行儀や言辞に注意し、常に威儀正しく「閑《しず》かに強みある」態度でいなければならないとした。こうした士道論が、これ以降主流となっていく。

他方、『葉隠』は「武士道といふは、死ぬことと見付けたり」と強調する。泰平の世で実際には畳の上の奉公のみとなった武士への警世の句として、観念的に語っているのである。主君と家臣の関係を宿命的なものと捉え、主君が誤った場合にはたとえいかなる仕打ちを受けようとも諫言《かんげん》をして没我的に献身すべきだと説く。

『五輪書』は、士農工商を同等に見て、士を戦闘者の役割を担う者として位置づけていたのであり、「死の覚悟」を武士に特有と見ることを否定し、大将と士卒もその仕事において見ていたのであるから、捉え方が全く別物となってしまったのである。

3. 幕末における剣術の隆盛

近世社会は、一七世紀後半からの大開発時代に耕地面積は二倍となり人口も二・五倍となり、ほぼ限界に達した。こうした中で社会の内実は大きく変容し、一八世紀を通じて流動化していくことになる。

剣術も、この時代の社会の変容を背景にして変わっていった。一八世紀初期から形式化・華法化した流派の形稽古に代わって、防具を着け竹刀で実際に打ち合う撃剣《げきけん》（竹刀剣術）が工夫され、これが特に後期から下級武士を中心に大きく展開していく。享保の改革や寛政の改革、また藩政改革では、武士としての自覚を喚起するために剣術が奨励された。その中で撃剣を中心とする新興流派が取り立てられ、やがて藩校の教授方にも撃剣の流派の師範がなるようになった。一九世紀に入ると社会の治安が悪化する中で、地方の治安を担う郷士《ごうし》や豪農層が積極的に撃剣を行うようになる。武者修行も復活して、他流試合も解禁され、江戸では撃剣の町道場が隆盛するようになり、諸藩の士が交流する場ともなっていった。

一九世紀半ば、幕末になると、こうした社会の流動化が一気に表面化してくる。下級武士や郷士や豪農層などはマージナル（境界的）であるだけに立派な武士となるべく剣術に励み、千葉周作や近藤勇などのように剣術の実力が認められて取り立てられることもあった。勝海舟や坂本龍馬などのように、剣術で得た自信を基に、西洋砲術、洋学、さらに航海術などを学ぶ者もいた。幕府は一八五六年に講武所を設立し、西洋砲術を教育する一方、剣術をもう一方の中心とし、撃剣の諸流派を教授方に集めて、危機に立ち向かう武士としての覚悟の養成を図っていた。『五輪書』が語っていた事柄――剣術鍛練を核にして武士としての生き方を確立し、各種の武具の利点を弁え、社会のあり様を考えることが、体制が揺らいだ幕末になって現実化されてきたのである。

4．近代社会における剣道と『五輪書』の再発見

明治維新になって武士階級は解体され、近世武術の存立基盤がなくなった。武術は市民社会の中で個人の体育としての面を強調して、近代的に作り直されなければ生き残れなくなった。

明治になっても、山岡鉄舟は撃剣（竹刀剣術）の猛烈な稽古と、参禅して悟りを得た体験から、剣術に人間教育としての意味を見出していた。鉄舟は剣術の明確な理論化はしなかったが、一刀流の伝書や『五輪書』など他流の伝書を多く集めていた。

武術の近代化は柔道が先導して始まることになる。明治初期、東京大学に学んだ少壮エリートの嘉納治五郎は、柔術の二流派のやり方を合理的に組み替え、危険な技を

省いて自由に投げ合う乱捕り主体のものに作り換え、それを講道館柔道と称した。彼は柔道が体育以上の教育的価値を持つものであると主張し、講道館の他に、校長となった高等学校や東京高等師範学校を拠点に柔道を普及していく。

剣術はすでに幕末に競技的な形に変わり、広範に広がっていたので、維新後は警察に残り、民間でも一部は残っていた。けれども近代社会に広く定着することができたのは、学校教育に導入されたことによる。一八九五年、日清戦争後の伝統武術見直しの機運の中で、剣術・柔術・弓術などを統合した大日本武徳会が組織された。山岡の門下が撃剣を学校教育に入れる運動をしていたが、これ以後武徳会が推進して明治末の一九一一年に中学校で撃剣・柔術を正科として教えることができることになった。これを機に、武徳会は剣術諸流派の形を統合した大日本剣道形を制定した。東京高等師範学校では学校での撃剣の集団教授法が研究された。近代化された撃剣は、剣道と名を改めた。

『五輪書』は一九〇九年になって初めて公刊されたが、四年後、学校教育での指導法を書いた高野佐三郎の『剣道』は、『五輪書』を「剣道の理論技術の全般に亘り詳説し、さらに深く根本の精神に入」るものとして、巻末に全文を載せている。剣道は武蔵当時の剣術とは大きく異なっているが、このように術理がそのまま有効であることは、『五輪書』が武の本質を捉えたものであったからであろう。『五輪書』は、近代になって再発見されたのである。

5. 現代における『五輪書』――海外への広がり

戦後、剣道は占領軍によって一時期厳しく禁止されていたので、スポーツ化をはかって復活を果たすことになった。戦後の剣道は、競技化を進めることになるが、それが高じて勝利至上主義となることを懸念して、全日本剣道連盟は一九七五年に「剣道の理念」を制定し、「剣道は剣の理法の修錬による人間形成の道である」と謳《うた》った。この「剣の理法の修錬」の内容を問題にするならば、改めて『五輪書』に学ぶところは大きいであろう。国際化が進む中で、競技の内容も変化してきており、改めて剣道の本質が問われている時代、伝統に深く学ぶことが必要であろう。

武蔵については、吉川英治の小説『宮本武蔵』（一九三九年）のイメージが今日でも強く残っているが、改めて、武蔵の実像と『五輪書』の正当な価値を見直す必要がある。

一九七〇年代から武蔵関係の諸資料が発掘され、従来からの諸資料がどこまで信《しん》憑性《ぴょうせい》があるのか史料批判も進み、ようやく武蔵の全体像が明らかになってきた。『五輪書』の文献学的研究も進んで、武蔵の原本は今日残っていないが、これが武蔵によって書かれたことは確認され、諸写本を校合して従来の写本での欠落や誤写を訂正した本文がようやく明らかになった。武蔵の他の著作も発掘され、これらと合わせて『五輪書』の正確な解釈ができるようになってきた。

『五輪書』の外国語訳本

『五輪書』は一九七四年に初めて英訳されたが、当時、日本企業が欧米に進出していたので、日本人の戦略を知るために格好のビジネス書としてブームとなった。そうしたブームは終わったが、『五輪書』の人気は持続的であり、それ以後も管見するだけでも九種類の英訳が出され、その他フランス語、ドイツ語、スペイン語、ロシア語、中国語などの翻訳も出されている。ただ「枕のおさへ」を hold down the pillow とするなど誤訳も多々あり、剣道に基づいて考えて誤解した訳も見られる。まだ校訂された原文ではないので本文が欠落したままの箇所もある。解説では武蔵を小説の虚像に拠って紹介していることも多く、また禅やタオイズムに引きつけた説明が付けられている本もある。けれども最近の日本における研究の進展は、いずれ海外にも広まっていくであろう。

6.『五輪書』に学ぶもの

『五輪書』を時代の中において考えてみると、武蔵はまさに自らの時代の現実の中で生き抜き、時代の課題を正面から引き受け、自らの兵法の道を確立したと言える。『五輪書』はその実戦性、徹底性から、伝統主義に傾いてしまった近世には秘伝書とされ、十分に理解されないできたが、近世という枠組みがなくなってはじめて再発見され、古典となり、さらには海外にも広がっているのである。

改めて『五輪書』の今日的な、さらには将来的な価値について考えてみたい。

今日、もはや剣術は遣われず、武士として生きる者もいない。けれども『五輪書』は、専門の道の追求の仕方をきわめて明確に書いているので、自分の専門の道に引きつけて、その徹底性に学ぶことは有益であろう。

まず武道、武術においては、そのまま学べることが多いであろう。武蔵は、切り殺し合いの術から、生活の場面でも誰にも負けない立派な人間になるために鍛練する道へと高めた。現代でも、たとえばロシアのプーチン大統領が、自分は少年時代は暴れん坊であったが、柔道に出会うことで人間的に大きく成長したと語っているが、こうした例は他にも多い。柔道は海外では武士道の道徳コードとも合わさって「教育的スポーツ」として展開しているが、『五輪書』はまさに術に即して人生哲学を語っているのである。ともかく強くなりたい欲求が、人間としての強みへと高められるところに、単なる武術ではない武道の本質があるとされるが、『五輪書』はその思想を端的に表している。武道のみならず、世界各地の武術、格闘家でも、『五輪書』を愛読書としている者が多い。

スポーツの世界でも『五輪書』は、よく読まれている。技をからだの遣い方に基づいて分析しているので、さまざまなスポーツにそのまま通用する部分が多い。

武蔵は、頭から足先まで全身に心を配り、癖なく隙なくし、両肩の力を抜き、腰が入った姿勢で、どこにも居付かず、全身一体で即座に自在に動けるように心掛けよと詳しく書いていたが、これはそのままスポーツする体にも活かせる。武蔵は「太刀の道」に即するように言っていたが、スポーツでそれぞれの道具を遣う時にも、同様に最も効果的な遣い方となるように、自分の感覚を研ぎ澄ませて追求していくことが必要であろう。また状況全体を見る目を養い、相手に応じられるように徹底的に工夫する。相手を崩すように仕掛け、崩れた一瞬を逃さず勝ちをとるのも、同じであろう。武蔵は日々の鍛練を日常生活にまで徹底すべきことを書いていた。驚くような極意などない。秘伝も秘術もない。あるのは基礎から徹底して鍛練して、身も心も作り変えていくことである。そうした鍛練の道を歩むことが、人間として立派な者になっていく道であると説いていたのである。

またさまざまな芸の道を専門とする者にとっても、『五輪書』に学ぶべき点が多いであろう。元来、武蔵は能楽や茶の湯など諸芸の道に伍して、兵法の道を確立しようとしていた。武蔵自身が、諸芸の名人たちが交流した寛永文化の中で広く諸芸・諸職の道にふれながら、その真価を見て取って学んでいた。兵法の道が、まだ道とは認められていない時代だっただけに、人間としての鍛練の道を一層強く打ち出したとも言える。からだを精妙に分析し、日常生活に鍛練を徹底することにより、上達していくのは、そのまま他の諸芸でも同じであろう。道を鍛練する中でさまざまな壁にぶつかり、迷い、進むべき道が分からなくなることは多い。武蔵は、絶えず「空」を思い取って、今行っている自らの鍛練の道を絶えず見直し、いつかは迷いが晴れる時が来ることを心において、「けふ《今日》はきのふ《昨日》の我にかち」と、日々精進を続けていくことを説いていた。「我兵法の直道《じきどう》、世界におゐて誰か得ん。又いづれかきわめん」と、自分を信じて、朝夕鍛練して磨き果《おお》せれば、独り自由な世界に開かれる、おのずから「実の道へ入る」、真実の生き方となる、と言っていた。専門の道はさまざまであっても、そうした生き方には普遍性があるであろう。

『五輪書』は、誇り高い独立不羈《ふき》の武士の意識と、専門の道をどこまでも徹底して追求していく道の思想が独特の形で結びついて生まれたものとも言える。日本の伝統から生まれた日本的なものが凝縮している。自らの道を鍛練して、自らの経験に基づいて、自らの頭で考え、自らの言葉で表現したものである。武蔵は決して超越的なものや信仰に関わるものには触れないが、常に大きなところから自分を見ている。

自分だけでなく、他の人間も社会もとらわれない目で見ている。あの当時の身分制社会の中にあっても、武士を特別なものとは見ず、四民を役割の分担として捉え、女性や子供まで平等に見ている。ここに武蔵の人間としての確かさが表れている。その武蔵が「人間におゐて、我道〳〵をよくみがくこと、肝要也」と言っているのである。

それぞれが人間として真実に適った生き方を求めていこうとするならば、『五輪書』は、これからも手に取るべき貴重な一冊である。

宮本武蔵略年譜

元号・年	西暦	武蔵とその周辺	時代背景
天正元年	一五七三		織田信長、将軍足利義昭を追放
	七五		長篠の戦い、鉄砲大量使用
	七八	播磨で合戦 織田方の進出	
	八〇	織田方、播磨平定	
天正十年	八二	武蔵、播磨で誕生。〔田原家貞の次男〕	本能寺の変。秀吉覇権 検地開始
	八五		豊臣秀吉、関白に。惣無事令
	八八		刀狩り
	九〇		秀吉、全国統一を達成
	九一	天正年間、美作・宮本無二の養子となる	身分法令公布
文禄元年	九二		朝鮮出兵
	九四	「十三歳、初めて勝負をする」	
	九七	「十六歳、但馬国秋山と勝負」	
	九八		秀吉没す

慶長五年	一六〇〇	九州で義父無二と東軍方黒田勢で、合戦、城攻めに参加	関ヶ原合戦。徳川の覇権確立 西軍方大名八十八家取り潰し
	〇二	「二十一歳、京都に上る」	
	〇三		家康将軍に。江戸幕府成立
	〇四	吉岡一門との三度の戦いに勝つ	
慶長十年	〇五	『兵道鏡』、「天下一」、円明流樹立 「以後、諸国で諸流の兵法者と勝負する」	秀忠、二代将軍に就任
	一〇	巌流・小次郎との勝負に勝つ	西国で城普請盛ん
	一一	「三十歳以後、なおも深き道理を追求」	
慶長二十年	一五	大坂夏の陣、譜代大名の下で参陣	元和偃武。武家諸法度
元和三年	一七	〔姫路に本多家、明石に小笠原家入封〕 姫路本多家の客分、明石城町割り 〔養子・三木之助、本多家に出仕〕	譜代大名の畿内進出
	二三		家光、三代将軍就任
寛永三年	二六	〔三木之助殉死〕、明石・小笠原家の客分となる〔養子・伊織、小笠原家に出仕〕 〔伊織、小笠原家の家老になる〕	
	三一	「五十歳、兵法の道に達する」	

寛永九年	一六三二	〔小笠原家、小倉へ移動〕。伊織と共に小倉へ	熊本・加藤家改易。熊本へ細川家、小倉へ小笠原家移封
	三七		島原の乱勃発
	三八	島原の乱に出陣〔伊織、小倉・小笠原家の惣軍奉行〕	九州諸大名、島原に出陣
寛永十七年	四〇	熊本・細川家の客分となる	
	四一	『兵法三十五箇条』〔藩主忠利没〕	鎖国体制完成
寛永二十年	四三	『五輪書』起筆	寛永の大飢饉。
	四四	病気になり、熊本城下に戻る	中国で、明滅亡。清の支配
正保二年	四五	『五輪書』を譲る。『独行道』。武蔵没す	
慶安四年	五一		家光没す。幕府文治政策へ
承応三年	五四	伊織、小倉に武蔵顕彰碑建立	

より深く知るために――参考文献、武蔵の書・画などの紹介

宮本武蔵の生涯と『五輪書』について、最近の研究をまとめて書いているのは、拙著『宮本武蔵―「兵法の道」を生きる』（岩波新書・二〇〇八）です。

これの基になったのは拙著『宮本武蔵―日本人の道』（ぺりかん社・二〇〇二）で、詳しい論証はここにあります。新発見の資料全てを踏まえつつ、従来の説の論拠を再検討し、また『五輪書』が確かに武蔵のものであることを確認した上で、『兵道鏡《へいどうきょう》』、『兵法書付』を諸写本で校訂した原文を載せ、漢文の序『五方之太刀道《ごほうのたちのみち》』を弟子・孫弟子の解釈を参照しながら読み下しています。江戸時代の武蔵関係資料の一覧も載せています。

『五輪書』の諸写本で校訂した本文に注釈をつけたのが、拙著『定本五輪書』（新人物往来社・二〇〇五）です。これには『五輪書』の二年半前に書かれた『兵法三十五箇条』と、それの弟子による増補版の校訂本文と解説、『五輪書』の当初の序と見られる『五方之太刀道』の現代語訳も載せています。

武蔵筆の水墨画・書、細工を写真版で載せているのが、丸岡宗男編『宮本武蔵名品集成』（講談社・一九七七）です。多くの画を鑑定した上で精選された画が載せられており、武蔵の真筆の基準を示しています。また資料篇は、江戸時代の武蔵関係資料二十八点を年代順に翻刻して載せており、これ以後の研究の基礎になった重要なものです。

『図説宮本武蔵の実像』（新人物往来社・二〇〇三）には、著者を含め十二人の論が載せられ

ており、現在の研究の状況が一応知られます。

武蔵その人に触れるためには、彼自身の手になる作品を直に見るのが良いと思います。それらを見ることができる主な美術館・博物館を紹介しておきます。ただし常時展示されているものではないので、展示されているか否かを確認する必要があります。以下列挙すると、

永青文庫《えいせい》（東京都目白台）……「正面達磨図《だるまず》」、「捫腹布袋図《もんぷくほていず》」、「蘆雁図《ろがんず》」

吉川英治記念館（東京都青梅市）……有馬直純宛書状

和泉市立久保惣《くぼそう》記念美術館（大阪府和泉市）……「枯木鳴鵙図《こぼくめいげきず》」

岡山県立美術館（岡山市）……林羅山賛の「周茂叔図《しゅうもしゅくず》」、「遊鴨図」、「布袋図」三幅対など

福岡市美術館（福岡県）……「布袋観闘鶏図」

熊本県立美術館（熊本市）……『独行道』、『五方之太刀道』の原本

八代《やつしろ》市立博物館（熊本県八代市）……松井文庫蔵「蘆葉達磨図」三幅対、「鵜《う》図」、「馬図」、武蔵自作の大木刀、木刀二振り、長岡佐渡守宛書状など

島田美術館（熊本市）……武蔵自作の刀の鍔《つば》など

その他、武蔵のものとされる作品は数多くありますが、その鑑定には、古い記録があって伝来経緯が明白なものを基準作として、画の場合には紙・墨・印章・筆致・画風などから武蔵の作であることを鑑定する必要があります（筆者は真作である確度により第四類まで分けている。前掲『宮本武蔵—日本人の道』資料篇参照）。

あとがき

『五輪書』の魅力をできる限り伝えたいと、この本のお話をいただいた時に、まず思った。武蔵を知るには、武蔵自身の原文を直《じか》に読むのが大事だと思ってきた。この本全体の構想はまったく任せていただいたので、ビギナーズシリーズでは例外的に、原文を大きく先に掲載してもらうことにした。原文には、簡単な表題をつけ、ほぼ一頁分を見当にして区切って、現代語訳と対照できるようにした。原文を読めばすっと入ってくるが、一語一句を正確に現代語訳するのは大変難しいことに改めて気づかされた。現代語訳を参考として原文を読んでいただきたい。武蔵の文章は具体的で明晰で、力のある文章なので、武蔵という人を感じてほしい。

分量が限られている中で、『五輪書』の全体像を示したいと思った。なぜなら武蔵が後世に何とか伝えたいと、全体を見事に構成し、臨終の床まで彫琢してようやく書き上げたものだからである。そのため、内容的にほぼ重なるところ、抽象的なところは大胆に省略した。数箇条をまとめ、順序を整理した。こうした大胆な処置によって、武蔵が示そうとした内容が、全体にわたってより鮮明になるように企図した。

第三部は、『五輪書』の価値をめぐって、成立した時代から現代に至るまでの時代の流れの中で、この書の扱いを考えた。現代までつなげて簡単に書くことは大変難しかったが、これまでの研究を踏まえて、一応の概略は示せたかと思う。

編集部の唐沢満弥子さんは、最初にこの企画を提案された時から意欲的で、著者の構想を受け容れていただき、また最後まで書き直した原稿を丁寧にチェックしていただいた。本当にありがとうございました。また装丁は、谷口広樹氏がダイナミックな滝を描いて下さった。水は清く、一滴となり蒼海となると武蔵は書いていたが、激しく落ちて雲も生んでいる滝の画は、武蔵にふさわしいものと、感謝しています。

本書が、最近ようやく明らかになってきた武蔵の実像を知り、『五輪書』の内容に直接に触れて、さまざまなことを考えていただく機縁となれば嬉しく思います。

二〇一二年一一月

魚住孝至

ビギナーズ 日本《にほん》の思想《しそう》
宮本武蔵《みやもとむさし》「五輪書《ごりんのしよ》」
宮本武蔵《みやもとむさし》 魚住孝至《うおずみたかし》＝編

平成24年 12月25日 初版発行
平成28年 4月20日 再版発行

発行者●郡司 聡

発行●株式会社KADOKAWA
〒102-8177 東京都千代田区富士見2-13-3
電話 03-3238-8521（カスタマーサポート）
http://www.kadokawa.co.jp/

角川文庫 17744

印刷所●旭印刷株式会社 製本所●株式会社ビルディング・ブックセンター

表紙画●和田三造

ISBN978-4-04-407228-5 C0110

角川文庫発刊に際して

角　川　源　義

第二次世界大戦の敗北は、軍事力の敗北であった以上に、私たちの若い文化力の敗退であった。私たちの文化が戦争に対して如何に無力であり、単なるあだ花に過ぎなかったかを、私たちは身を以て体験し痛感した。西洋近代文化の摂取にとって、明治以後八十年の歳月は決して短かすぎたとは言えない。にもかかわらず、近代文化の伝統を確立し、自由な批判と柔軟な良識に富む文化層として自らを形成することに私たちは失敗して来た。そしてこれは、各層への文化の普及滲透を任務とする出版人の責任でもあった。

一九四五年以来、私たちは再び振出しに戻り、第一歩から踏み出すことを余儀なくされた。これは大きな不幸ではあるが、反面、これまでの混沌・未熟・歪曲の中にあった我が国の文化に秩序と確たる基礎を齎らすためには絶好の機会でもある。角川書店は、このような祖国の文化的危機にあたり、微力をも顧みず再建の礎石たるべき抱負と決意とをもって出発したが、ここに創立以来の念願を果すべく角川文庫を発刊する。これまで刊行されたあらゆる全集叢書文庫類の長所と短所とを検討し、古今東西の不朽の典籍を、良心的編集のもとに、廉価に、そして書架にふさわしい美本として、多くのひとびとに提供しようとする。しかし私たちは徒らに百科全書的な知識のジレッタントを作ることを目的とせず、あくまで祖国の文化に秩序と再建への道を示し、この文庫を角川書店の栄ある事業として、今後永久に継続発展せしめ、学芸と教養との殿堂として大成せんことを期したい。多くの読書子の愛情ある忠言と支持とによって、この希望と抱負とを完遂せしめられんことを願う。

一九四九年五月三日